Morio Verlag

STATIONEN

im Morio Verlag Heidelberg

BAND 28

Die STATIONEN
werden herausgegeben von
ROLAND KRISCHKE

Robert von Lucius, geb. 1949 in Berlin, lebte zwischen 1982 und 1987 in Frankfurt am Main. Er war von 1987 bis 2001 Afrikakorrespondent der F. A. Z. und danach bis 2006 Auslandskorrespondent für Nordeuropa und die baltischen Länder, dann Landeskorrespondent der F. A. Z. für Niedersachsen, Bremen und Sachsen-Anhalt. Robert von Lucius veröffentlichte im Mitteldeutschen Verlag Streifzüge durch Südafrika, die baltischen Länder, Sachsen-Anhalt, Niedersachsen und Bremen. Aktuell liegt der Kneipenführer „Noch'n Bier?“ (2017) vor. Der Autor lebt in Berlin.

ROBERT VON LUCIUS

FELIX MENDELSSOHN BARTHOLDY

IN FRANKFURT AM MAIN

Morio Verlag

„In Frankfurt ist das Ding vornehmer, geschäftsmäßiger, großstädtischer, aber viel weniger lustig“: Was Felix Mendelssohn Bartholdy 1832 zu Frankfurt am Main schreibt, klingt nach Respekt, nicht aber nach Liebe. Die kam vier Jahre später, und just direkt am Main. In Frankfurt lernte er 1836 Cécile Jeanrenaud kennen, mit der er sich nach einigen Monaten der Prüfung verlobte. Sie schenkte ihm Stabilität und innere Harmonie. Zu dieser Musterehe erschienen Bücher in Frankreich, England, Deutschland; und weitere zur hugenottischen Bürgerfamilie, in die er hineinheiratete und die ihn liebevoll aufnahm. Frankfurt wurde damit neben Leipzig und Berlin zur dritten Stadt, mit der sein Leben eng verwoben war – nur wenige deutsche Komponisten hatten zeit ihres Lebens so engen Kontakt zu Frankfurt am Main wie er[1], auch als „unverbrüchlich“[2] bezeichnet. In Frankfurt heiratete Mendelssohn und wurde zu einigen Musikwerken angeregt. Cécile kehrte vor ihrem frühen Tod nach Frankfurt zurück und wurde dort beigesetzt. Das Familienhaus zwischen dem Römer und dem Eisernen Steg, stets ein offenes Haus voller Gäste, wurde Felix zum zweiten Heim. Und: Nach seiner evangelischen Taufe in Frankfurt hatte Felix' Vater Abraham 1822 seinem Nachnamen Mendelssohn das Bartholdy angehängt.
Der Cäcilienverein – Mendelssohn Bartholdy widmete einem der ältesten und traditionsreichsten Oratorienchöre Deutschlands mehrere Chorwerke – hatte ihn nach Frankfurt gezogen. In dessen historischem Bestand sind diese Manuskripte verwahrt.
Allein wegen des Cäcilienvereins müsse man in Frankfurt gern sein, schrieb der Komponist: „Die Leute singen mit so viel Feuer und so zusammen, dass es eine Freude ist.“[3] Dabei dachte er sicher eher an Choräle denn an sein kurzes Stück für vier Männerstimmen mit den Textworten „In Frankfurt auf der Zeile / da steht ein junger Mann / steht eine lange Weile / und schaut die Sterne an“: Die Zeil liegt nahe dem Fahrtor, der sinnende junge Mann dürfte er selbst sein. Das Notenmanuskript mit dem vierstimmi-

Felix Mendelssohn Bartholdy, gemalt von Wilhelm von Schadow 1834

Altstadt Frankfurts, gegenüber dem Römer

gen Chorsatz, länger verschollen, liegt natürlich wie viele andere in der Frankfurter Universitätsbibliothek.

Stadt und Region würdigten Mendelssohn Bartholdy mit einem Denkmal im Stadtwald, der Mendelssohnruhe, und weiteren Gedenkplaketten; mit einer der wichtigsten Straßen des Westend; einer nach ihm benannten Gesellschaft in Main-Taunus; einer Schule in Sulzbach; mit Mendelssohn-Tagen der Musik im nahen Bad Soden; mit dem Mendelssohn-Wettbewerb für junge Musiker. So ist dieses kleine Buch ein Mosaik über Felix Mendelssohn Bartholdy und seine Frau, über deren durch die Heirat verknüpfte Familien, über Frankfurt und dessen Musikleben um 1840 – ein Füllhorn teils scheinbar einzelner Informationen, die aber miteinander verwoben sind.

Felix Mendelssohn Bartholdy war nicht nur der bedeutendste und bekannteste Komponist Mitte des 19. Jahrhunderts, er war international gefragt. Er war einer der ersten Dirigenten, der mit dem (zudem weißen) Taktstock dirigierte und systematisch proben ließ – so war er neben Hector Berlioz der erste Dirigent im

Partitur „In Frankfurt auf der Zeile", Universitätsbibliothek Frankfurt

modernen Sinn, der durch sein organisatorisches Wirken starken Einfluss auf das Musikleben seines Jahrhunderts nahm. Als Gründer des Leipziger Konservatoriums war er wegweisend in der Musikausbildung. Seine Sechs Orgelsonaten gelten als die wichtigste Orgelkomposition seit dem Tod Bachs. Er war auch einer der begabtesten Klaviervirtuosen seiner Zeit mit immensen Improvisationskünsten; einer der bedeutendsten Organisten des 19. Jahrhunderts; ein begnadeter Briefschreiber – die Herausgabe seiner Briefe in zwölf Bänden wurde 2017 abgeschlossen; und ein uneigennütziger Anreger und Förderer. Er entdeckte die lange unbeachtete Musik von Johann Sebastian Bach und Georg Friedrich Händel und förderte zeitgenössische Musiker wie Robert Schumann. Ohne Zweifel war er in den vierziger Jahren des 19. Jahrhunderts eine, wenn nicht die zentrale Figur der deutschen Musikkultur mit einem europäischen Netzwerk – nach heutigem Maßstab ein Superstar. Dabei muss man bedenken, dass Musik damals im Leben eines jeden Gebildeten einen ganz anderen Stellenwert hatte als heute – also in Zeiten ohne Fernsehen

Sängerfest am Main mit Fahrtor 1838

und Hörfunk, ohne Kino und Internet und soziale Medien, auch mit nur seltenen und erschwerten Reisemöglichkeiten.

Gemeinhin gilt Berlin nach Leipzig als „die" Stadt Mendelssohn Bartholdys vor Frankfurt, der Geburtsstadt Hamburg sowie Düsseldorf (dem Niederrheinischen Musikfest stand er siebenmal vor), und natürlich London. Vergleicht man aber die Äußerungen des Komponisten, verkörperten Frankfurt und der Vordertaunus für ihn Glück und Harmonie und am Ende seines Lebens, unerfüllt, den Ort, an den er sich als freier Komponist ohne andere Verpflichtungen zurückziehen wollte. In Berlin, wo seiner Verwandtschaft in der Mendelssohn-Remise in der Jägerstraße gedacht wird, wo der Hauptteil seiner Noten in der Staatsbibliothek lagert und wo sein musikalisches Erbe in der Singakademie gepflegt wird, fühlte er sich zunehmend unwohl. Dabei war und ist Berlin Mittelpunkt der Familie Mendelssohn, deren Mitglieder als Bankiers, Mäzene, Künstler wie kaum eine andere über 250 Jahre hinweg die deutsche Wirtschafts- und Geistesgeschichte geprägt haben. Dass Felix sich „kaum in irgendeinem Ort Deutschlands so wenig zu Hause fühlen kann als hier", begründet er 1841 in einem Brief und kritisiert das „unpoetische Streben nach äußerlichen Resultaten ... dasselbe ungroßmütige Zurückbleiben in Fortschritt und Entwicklung."[4] In Leipzig, Frankfurt, London fühlte er sich dagegen anerkannt und beliebt. Zwei miteinander verknüpfte Hauptgründe für seine späte Berlin-Aversion nennt er nicht ausdrücklich – antisemitische Vorbehalte und wohl auch daher seine Ablehnung als Leiter der Singakademie. Dabei hatte er zehn Jahre zuvor seinem Lehrer Carl Friedrich Zelter geschrieben, „bei der Reise über Stuttgart, Heidelberg, Frankfurt, Düsseldorf ... merkte ich, daß ich ein Deutscher sei und in Deutschland wohnen wolle, so lange ich es könne ... ich bin da zu Hause. Es ist kein einzelner von den Orten, der mich eben besonders fesselte, wo ich besonders gern leben möchte, es ist das ganze Land, es sind die Menschen."[5]

Vieles aus seinem kurzen Leben hat er in sprachlich und inhaltlich trefflichen Briefen beschrieben. Viele wurden schon vor der Gesamtausgabe in umfangreichen Publikationen seiner Briefpartner und der Familie dokumentiert, schließlich galt er Mitte des 19. Jahrhunderts als Leuchtgestalt. Erhalten blieben 5 800 Briefe von ihm und nahezu 7 000 an ihn: Knapp 6 700 an ihn gerichtete

Zeichnung Felix Mendelssohn Bartholdys mit Frau, fünf Kindern und Nanny 1844 – oben Soden, unten Frankfurt mit Main, Bahn, Raddampfer

Schreiben verwahrt die Bodleian Library in Oxford (die zweitgrößte englische Bibliothek) in 27 Bänden, den „Grünen Büchern". Er schrieb, oft in innigem und auch humorvollem Ton, Familien- und Freundschaftsbriefe, an Musiker und Musikverleger. Er blickte auf seine Reisen und hielt (auch zeichnerisch) Landschaften in stilsicheren, genauen und sprachgewaltigen Formulierungen fest, oft mit einer Prise Humor. Sein Briefwechsel gilt als wichtiges Dokument der Kulturgeschichte des 19. Jahrhunderts. So sind die Briefe eine wesentliche Grundlage dieses Büchleins. Zitiert wird aus ihnen mal, schon der Sprache wegen, wörtlich – nicht immer mit Quellenangabe, um nicht zu überfrachten –, mal werden sie sinngemäß wiedergegeben. Nur die Briefe zwischen ihm und seiner Frau während des Braut- und Ehestands wurden bald nach ihrem frühen Tod verbrannt, wie sie es sich versprochen hatten, sie galten beiden als zu persönlich. Gerade auch um das Verhältnis der Ehepartner aber geht es hier.

Stadtplan Frankfurts um 1840 (Souchay-Haus am Main über dem „N")

Als Mendelssohn Bartholdy von 1822 an, also schon als Dreizehnjähriger, immer wieder nach Frankfurt kam, war die Freie Stadt Frankfurt dank der Wiener Kongressakte eine von vier Stadtstaaten (neben Hamburg, Bremen und Lübeck) im Deutschen Bund – ein völkerrechtlich selbständiger Staat. Im Deutschen Bund hatten sich 1815 neben den vier Freien Städten weitere 35 Staaten (darunter Preußen, Österreich, Bayern, Hannover und Sachsen) zusammengeschlossen. Zudem war Frankfurt von 1816 an bis 1866 Bundeshauptstadt dank des Sitzes der Bundesversammlung (für sie bürgerte sich der Name Bundestag ein), also des ständigen Gesandtenkongresses der Mitgliedsstaaten, im Palais Thurn und Taxis. Berlin favorisierte den neutralen Ort beim Jonglieren zwischen Preußen und Österreich. Dabei schmähten viele Bundestagsdiplomaten Frankfurt als „liberales Nest".
Zudem war die bürgerliche Stadtrepublik, wiewohl im Stadtgebiet im Jahre von Mendelssohns Hochzeit nur 54 000 Menschen lebten, im 19. Jahrhundert wie heute ein Finanzzentrum von europäischem Rang. Die Großbanken Meyer Amschel Rothschild und das Bankhaus Bethmann beherrschten in jenen Jahren, in denen mit Gulden und Kreuzern bezahlt wurde, den Handel mit europäischen Staatspapieren. Mit Privatbanken kannte Mendelssohn sich aus – das vom Onkel Joseph und seinem Vater Abraham gegründete Bankhaus J. & A. Mendelssohn wurde zur größten Berliner Privatbank. Sie war Grundlage des Familienvermögens und der Lebenshaltung der Familie samt Landsitzen, Hauslehrern und Bildungsreisen. Die Brüder Wilhelm und Alexander von Humboldt zählten zu den Kunden der Bank – diese finanzierte auch Alexanders Forschungsreisen. Zudem waren Bankkunden Carl Friedrich Zelter (der Lehrer von Felix), der Philosoph Arthur Schopenhauer, die Klaviervirtuosin Clara Schumann. Der Mendelssohn-Kunde Schopenhauer war 1831 aber von Berlin nach Frankfurt gezogen mit der Begründung „Gesundes Klima, schöne Gegend, Annehmlichkeiten großer Städte, das naturhis-

Blick auf Frankfurt von Osten mit dem Main und der Steinernen Brücke, Sachsenhausen und der Innenstadt, 1860

torische Museum, besseres Schauspiel, Oper und Konzerte, mehr Engländer, bessere Kaffeehäuser, kein schlechtes Wasser … und ein besserer Zahnarzt." Der Warenhandel in Frankfurt dagegen brach damals ein, bis die Freie Stadt als letzter Staat der Region 1836 dem Zollverein beitrat. 1839 wurde die erste Eisenbahn in Frankfurt gebaut – knapp ein Jahrzehnt später war die Stadt ein Knotenpunkt. Der Frankfurter Bankier Moritz von Bethmann förderte den Eisenbahnbau. Noch bis zum Hochzeitsjahr Mendelssohns 1837 aber wurden die schmiedeeisernen Stadttore wie das Fahrtor allabendlich verschlossen.
Gesellschaftlich waren diese Jahre für Frankfurt eine Blütezeit. Vermögende Bürger wie die Souchays/Jeanrenauds ließen sich Villen an der Zeil, am Roßmarkt und an den Mainufern bauen. Die Bürgergesellschaft stiftete wissenschaftliche Gesellschaften wie die Polytechnische Gesellschaft, den Physikalischen Verein und den Naturforschenden Verein, aus dem das weltberühmte

Frankfurt mit Main und Römer, Saalhof – Merian-Stich

Cäcilienverein 1920 – Hauptprobe des Museumsorchesters mit dem Dirigenten Wilhelm Mengelberg

Senckenberg Naturmuseum hervorging. Ebenso gründete die Oberschicht in jenen Jahren in ihrem Bürgersinn Zentren der Kunst – die Städelschule, den Frankfurter Kunstverein, die Museumsgesellschaft (Trägerin der Frankfurter Museumskonzerte), das Städtische Theater und eben den Cäcilienverein. Sie alle waren Kernzellen einer liberalen und selbstbewussten Bewegung. Während viele Chöre inzwischen kommunal oder staatlich finanziert werden, singen alle Cäcilianer weiterhin ehrenamtlich und finanzieren mit ihren Beiträgen zudem den hauptamtlichen Chorleiter und die Miete der Konzertsäle, oder ihre Konzertreisen in alle Welt.

Felix Mendelssohn Bartholdy fand also in Frankfurt eine Stadt, die politisch, finanziell und vor allem kulturell gleichsam explodierte. Dank seines Vaters Abraham Mendelssohn (1776–1835), Finanzmakler in Berlin, besuchte der junge Felix in den 1820ern viermal kurz das Finanzzentrum Frankfurt. Abraham war zweitjüngstes Kind des berühmten Philosophen Moses Mendelssohn (1729–1786), des „Sokrates von Berlin". Dieser folgte als (armer)

Moses Mendelssohn

Vierzehnjähriger seinem Lehrer aus Dessau nach Berlin und gab, so die Legende, den Stadtwächtern als Grund für seine Einreise ein Wort an: Lernen. So wurde aus Mausche ben Menachem ni-Dessau (Moses Sohn Mendels aus Dessau) der berühmte Philosoph, den die Berliner Akademie der Wissenschaften aufnehmen wollte – der preußische König aber strich ihn von der Liste; und der seinem Freund Gotthold Ephraim Lessing als Vorbild diente für sein Theaterstück „Nathan der Weise". Moses Mendelssohn übersetzte die Thora ins Deutsche, um Juden zum Erlernen der deutschen Sprache zu bewegen. Das berühmteste Werk von Felix' Großvater wurde „Phädon oder Über die Unsterblichkeit der Seele", übersetzt in zehn Sprachen und gelesen in ganz Europa. Wie sehr Felix an seinem Großvater hing, zeigt ein Brief seines Onkels Joseph, in dem er erwähnt, die Herausgabe der Gesamtschriften von Moses Mendelssohn verdanke ihr Entstehen einer Anregung von Felix Mendelssohn.

Moses' Sohn Abraham verdichtete sein Leben in seinem Satz „Früher war ich der Sohn meines Vaters, jetzt bin ich der Vater meines Sohns". Felix war als Wunderkind und älterer Sohn frühbegabt und gefördert; schon als Siebenjähriger las er voller Inbrunst Stücke von Goethe und Shakespeare und führte sie im Familienkreis auf. Über vier, fünf Generationen hinweg entstammten der Familie Mendelssohn (Bartholdy) zahlreiche in der Wirtschaft, der Wissenschaft und der Kunst bedeutende Menschen – klug waren sie und mit weiten Herzen begabt. Abrahams innere Zerrissenheit – zwischen Judentum und Christentum, Kommerz und Kunst – hat sich auf den Sohn nicht im gleichen Maße übertragen. Dafür sorgte auch sein Vater: Er ließ Felix und dessen drei Geschwister christlich erziehen und protestantisch taufen. Seine Wurzeln blieben Felix aber bewusst, und er wand-

te sich von ihnen weniger ab als sein Vater. Felix war gläubiger Christ, verleugnete aber nicht seine jüdische Abstammung, und in Musik und Gesinnung war er „deutscher" als die meisten seiner Komponistenkollegen. Er war offenkundig stolz auf seinen Großvater, den Vorkämpfer für die Gleichberechtigung der Juden in Deutschland – auch wenn vier der sechs Kinder von Moses sich taufen ließen. Nur Felix' Lieblingsonkel Joseph und Recha, die Lieblingstochter ihrer Mutter Fromet, blieben beim jüdischen Glauben. Die „deutsche" Gesinnung hatte Felix möglicherweise auch vom Großvater übernommen – der Verfasser der „Philosophischen Gespräche" bekannte sich zur deutschen Kultur und Sprache und wandte sich gegen die „sklavische Nachäffung" alles Französischen, der „Gallomanie".[6]
Sechs Jahre nach seinen Kindern ließ sich auch Abraham vom beliebtesten Kanzelredner Frankfurts und liberalen Kirchenhistoriker Anton Kirchner in Frankfurt taufen[7] – bewusst nicht in Berlin, weil er jegliches Aufsehen meiden wollte; und erst, nachdem er aus der Bank seines glaubenstreueren Bruders Joseph ausgeschieden war. Abraham übernahm wie sein Schwager Jakob Salomon (später Jakob Bartholdy), der Bruder seiner Frau Lea, auch für seine Kinder den Zusatznamen Bartholdy, um sich von den „anderen Mendelssohns" zu unterscheiden.[8] Dabei werden die Nachkommen von Felix ohne Bindestrich (auch manche Biographen sind da nachlässig) geschrieben, die von dessen Bankiers-Bruder Paul (später teils geadelt) aber mit Bindestrich. Bartholdy wurde dem Namen des Vorbesitzers eines Familiensitzes entlehnt, der Bartoldischen Meierei am Schlesischen Tor zwischen Spree und Landwehrkanal im heutigen Kreuzberg. Im Sommerwohnsitz hatte schon

Abraham Mendelssohn Bartholdy, Zeichnung vom Schwiegersohn Wilhelm Hensel 1823

Felix' Großmutter Bella Salomon, geb. Itzig, gewohnt. Lea Mendelssohn – wie ihr Mann überaus gebildet, sprachbegabt, musikalisch – bezeichnete das als kleines Paradies, und Felix zeichnete dort, schwamm und genoss das Leben inmitten von Maulbeeren und Weinstöcken.

Abraham ermahnte Felix, als bei Konzertprogrammen in England sein Bartholdy unterschlagen wurde, eindringlich, unter Berufung auf antisemitische Denkweisen: „Du kannst und darfst nicht Felix Mendelssohn heißen. Felix Mendelssohn Bartholdy ist zu lang und kann kein täglicher Gebrauchsname sein. Du mußt Dich also Felix Bartholdy nennen." Dennoch konnte ihn der Name, und dass er die evangelische Kirchenmusik um bedeutende Werke bereicherte, nicht vor gelegentlichen antisemitischen Anfeindungen bewahren. Auch bei der anderen inneren Spaltung, Kunst oder Kommerz, entschied der ansonsten ehrgeizige und ungeduldige Vater für den Sohn Felix: Er erlaubte ihm Musiker zu werden und förderte das von dessen früher Jugend an. Dabei wäre er selber auch gerne Musiker geworden, entschied sich aber unter Sicherheitsaspekten für das Finanzwesen.

Schon als Jugendlicher in Berlin komponierte Felix Klavierquartette, einige Operetten und 1824 – da war er fünfzehn – seine erste „eigentliche" Symphonie. Später wurden seine Italienische und seine Schottische Symphonie zu viel gespielten Werken in den Konzertsälen der Welt. Von einer weiteren Symphonie – sie wäre die sechste gewesen – berichtete Felix in einem Brief aus Soden 1844; Aufzeichnungen zu dieser fehlen aber. Felix sang zudem in der Singakademie zu Berlin. Viele seiner Werke durfte er bei den „Sonntagsmusiken" vorstellen, zu denen die Eltern im Saal ihres Hauses an der Leipziger Straße, nahe dem Potsdamer Platz,

Felix Mendelssohn Bartholdy 1821, Zeichnung von Carl Joseph Begas

MENDELSSOHN spielt vor Göthe zu Weimar 1830.

Felix spielt für Johann Wolfgang von Goethe 1821 im Junozimmer, Weimar

luden. Später wurde es das Preußische Herrenhaus, wo in einem Nachfolgebau heute der deutsche Bundesrat tagt, und zeitweise

Carl Friedrich Zelter

Sitz des Reichstages des Norddeutschen Bundes – des ersten deutschen Parlaments, das aus allgemeinen und direkten Wahlen hervorging. Das geräumige Elternhaus besaß neben einem Musikzimmer ein Gartenhaus, in dem über zweihundert Zuhörer zu den Sonntagskonzerten kommen konnten.
Abraham ließ die musikalische Frühbegabung von Felix ausgiebig prüfen – zuletzt 1825 in Paris durch Luigi Cherubini, den langjährigen Direktor des berühmten Conservatoire. Auch auf dieser Fahrt besuchten Vater und Sohn Frankfurt. Bindungen des Vaters Abraham zu Frankfurt, die den Sohn Felix ein Leben lang begleiteten, gab es gleich drei: neben der Taufe und dem Wohnsitz seiner Schwester Dorothea (Brendel) auch das Verhältnis der Familie zu Johann Wolfgang von Goethe.
Dem Dichterfürsten hatte Mendelssohn schon 1821, im Alter von zwölf, vorgespielt. Dieser sagte ihm eine große Zukunft vorher – seine Fähigkeiten grenzten ans Wunderbare. Beide hielten bis zum Tod des gebürtigen Frankfurters im Jahr 1832 respektvollen und engen Kontakt. Felix wurde anfangs zum kleinen Protégé des Universalgelehrten und spielte ihm in Weimar jeden Morgen vor. Nachmittags – nachdem er am Hof und bei Maria Pawlowna, Großherzogin von Sachsen-Weimar-Eisenach und russische Großfürstin, ebenso täglich spielte – ging er nochmals zu Goethe. Felix war schon als Knabe äußerst sprachkompetent und las und übersetzte Griechisch und Latein fließend. Er entzifferte am Frauenplan rasch eine schwierige Originalpartitur Beethovens mit vielen Durchstreichungen und spielte sie vom Blatt; und fantasierte dann. Als Felix im Garten herumtollte, sagte Goethe, der auch Mozart als Siebenjährigen gehört hatte, im

Vergleich beider spiele Felix „wie die ausgebildete Sprache eines Gebildeten zu dem Lallen eines Kindes“. Goethe beharrte mehrfach auf längeren Besuchen des jungen Felix, der wiederum den international Verehrten respektierte und liebte. Goethe schenkte dem jungen Felix ein Faust-Manuskript und eine eigene Federzeichnung.

Zu Goethe gebracht hatte ihn Felix’ Musiklehrer Carl Friedrich Zelter (1785–1832) – Komponist, Musikpädagoge, Dirigent. Er leitete die Singakademie, in der Felix, schon als Elfjähriger, und seine Schwester Fanny sangen. Zelter hatte in Berlin die Geschwister in Komposition und Musiktheorie unterrichtet – so eindrucksvoll und lebendig, dass auch die Mutter Lea daran als Lernende teilnahm. Sie war wie mehrere andere Frauen in der Mendelssohn-Familie, nicht nur Fanny, musikalisch aktiv und begabt. 1825 veranlasste Zelter als Direktor der Singakademie zu Berlin den Bau ihres Hauses hinter der Neuen Wache Unter den Linden, heute der Ort des Maxim-Gorki-Theaters. Zelter, einer der wenigen Duzfreunde Goethes, hatte viele seiner Gedichte vertont. Aus Respekt vor seinem Lehrer vertonte Mendelssohn Bartholdy Goethe-Gedichte erst nach Zelters Tod, etwa die Kantate „Die erste Walpurgisnacht“ sowie „Meeresstille und glückliche Fahrt“ nach zwei Gedichten Goethes.

Übrigens wusste Goethe schon vor der Vorstellung durch Zelter von Felix: Er kannte dessen Vater Abraham Mendelssohn, der wiederum Zelter und Goethe miteinander bekannt gemacht hatte. Seine ersten Begegnungen mit Goethe, 1797 in Frankfurt, schildert Abraham als Einundzwanzigjähriger in einem Brief an Zelter: Er habe „einen Menschen gesehen, der mir eine Menschheit wert war, Goethe“. Er ging mit seinem Reisebegleiter, dem Arzt David Veit – ein Neffe des Bankiers Simon Veit, erster Ehemann der ältesten Schwester Abrahams, Brendel (Dorothea) – ins Theater. Sie trafen Goethe, der die beiden zu einem Besuch am kommenden Tag lud. Goethe fragte ihn: „Sind Sie ein Sohn Mendelssohns … das erstemal, daß ich meinen Vater ohne Beiwort und so nennen hörte, wie ich es immer wünschte.“ Offenbar meinte er: ohne den Zusatz „der Jude Mendelssohn“. Goethe sagte, er schätze die Kompositionen Zelters und hoffe ihn kennenzulernen. Des Vaters Eindruck von Goethe: „Den hat die Natur zum großen Mann gezeichnet, und in seinem Auge steht alles das, was er jemals Gutes und Großes gemacht hat … seine Augen sind göttlich." Das war der Beginn des Goethe-Kults der Familie Mendelssohn.

Die Beziehungen von Abraham und Felix zu Dorothea Schlegel und ihrem Sohn Philipp Veit waren enger als gemeinhin dargestellt. Abrahams Schwester Brendel (Dorothea) galt als Freigeist, auch weil sie ihren ersten Mann Simon Veit verließ und sich Friedrich Schlegel anschloss und ihn später heiratete. Obwohl sie so ein wenig aus der eng geknüpften Familienbande ausschied, trafen sich Joseph und Dorothea, gelegentlich auch Abraham, immer wieder in Frankfurt oder am Rhein. Später besuchte Felix „Tante Schlegel" öfters in Frankfurt. Diese war nach Frankfurt gezogen, als ihr Mann österreichischer Legationsrat beim Bundestag wurde; und nach dessen Tod 1830 nochmals, dann zum Sohn Philipp Veit, Direktor des Städel in Frankfurt. Mit diesem, also seinem Vetter, verstand sich Felix gut. Veit porträtierte Felix' Frau Cécile dreimal – das erste Mal schon vor der Begegnung des Komponisten mit ihr. Als Philipp Veit 1843 im Streit seinen Posten als Städel-Direktor niederlegte – auch da mag schwelender Antisemitismus eine Rolle gespielt haben –, schrieb ihm Felix in der Hoffnung, dass Veit nicht auswandert „Daß überhaupt einer wie Du in der Welt und dazu in Deutschland lebt ist etwas das mir große Freude macht … Freilich, es ist das Land der Philister und der Verkümmerungen und der Klatschereien … – aber es ist doch unser Vaterland"; Künstler, so Felix und Philipp, könnten nichts anderes tun als

Cäcilie Jeanrenaud, gezeichnet von Philipp Veit

„die heilige Flamme vor dem Verlöschen hüten".[9]

1822 besuchte Felix mit seiner gesamten Familie Frankfurt erstmals. Im Sommer spielten seine Schwester Fanny und er (im Alter von 16 und 13), die bisher vom Vater von öffentlichen Auftritten weitgehend verschont wurden, im Hause eines Musikers auf. Auf dem Rückweg der Sommerreise aus der Schweiz waren sie wieder am Main – und Felix war binnen weniger Wochen äußerlich verwandelt. Auf der Hinfahrt war er noch braun langgelockt, auf dem Rückweg waren seine Haare „bis ins Genick verkürzt, das Kindeshabit war einem Knabenhabit gewichen". Da, im September, hörte ihn der Musiker Johann Nepomuk Schelble (1789–1837), war begeistert und wurde zum lebenslangen Förderer und Freund. Abraham hatte den unter Musikern angesehenen Schelble kennenlernen wollen und blieb daher länger in Frankfurt (und ließ sich mit seiner Frau Lea „nebenher" am 4. Oktober 1822 taufen). Schelble holte Felix zum von ihm gegründeten Cäcilienverein, wo er ebenfalls am Klavier fantasierte, aber nun ernsthafter: Er „knüpfte an die vorher gesungene Motette von Bach an und riß durch den Reichtum der Empfindung, durch den strengen Stil der Behandlung, wie durch die erstaunliche Fertigkeit und energische Ausdauer uns Alle zur Bewunderung fort", so der Berliner Schauspieler und Theaterleiter Eduard Devrient, der später wie viele andere Zeitgenossen seine Erinnerungen an Mendelssohn und dessen Briefe an ihn veröffentlichte. Devrient wurde 1826 ein Verbündeter, als es galt, Mendelssohns Lehrer Carl Friedrich Zelter zu einer Aufführung von Bachs Matthäuspassion zu bewegen – erst an der von diesem geleiteten Singakademie und dann am Cäcilienverein. Dazu spottete Mendelssohn: „Es ist doch wunderlich, daß es ein Komödiant und ein Judensohn hat sein müs-

Johann Nepomuk Schelble

sen, die den Leuten die größte christliche Musik wiederbringen.“ Schon kurz nach seinem Auftritt vor dem Cäcilienverein widmete Felix dem Chor seine Motette „Jube Domine“ und bald darauf auch Schelble persönlich ein achtstimmiges „Kyrie“. Das Besondere an diesen beiden gemischten Chören a cappella: Sie bezogen Solostimmen aus dem Chor ein, solistische und Chorpassagen griffen ineinander, und Stimmgruppen wechselten.
Ab 1832 führte nicht der Vater Felix nach Frankfurt, sondern die Musik und später die Familie seiner Frau. Von 1832 an dirigierte Mendelssohn Bartholdy häufig den Cäcilienchor, den Chor des Cäcilienvereins, und leitete ihn vorübergehend – sein oft zitierter Satz über das Feuer der Sänger stammt aus diesem Jahr. Eine Bitte, den Chor ganz zu übernehmen, lehnte er aber ab – da gab es schon das Angebot, das Gewandhausorchester in Leipzig zu leiten. Der Cäcilienverein hatte rasch Anschluss gefunden an damals bereits etablierte Oratorienchöre, etwa die 1791 gegründete Singakademie zu Berlin. Er wurde zu einer Kulturinstitution weit über die Grenzen Frankfurts hinaus. Zu seinen Dirigenten zählten neben Schelble und Mendelssohn Bartholdy später Clemens Krauss (in jungen Jahren zugleich Intendant der Frankfurter Oper) und der 2018 verstorbene Enoch zu Guttenberg. Seit 1988 steht er unter künstlerischer Leitung von Christian Kablitz. Schon zum hundertsten Todestag 1947 führte der Cäcilienverein Mendelssohns Oratorium „Der Elias“ im Palmengarten (damals militärisches

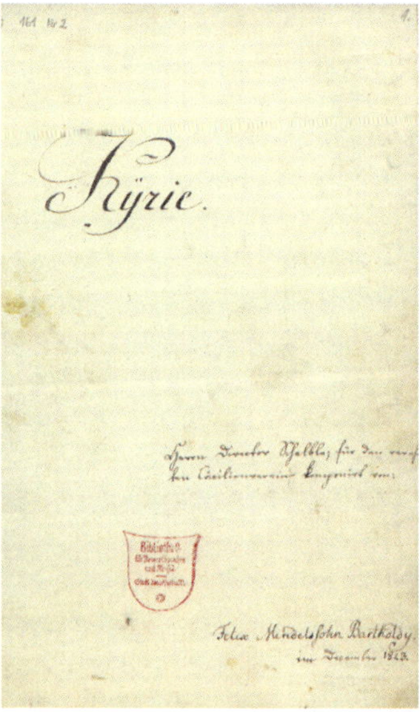

Widmungsblatt der „Kyrie“ an den „Director Schelble“ 1823

Sperrgebiet) auf – das erste Konzert, für das die amerikanische Besatzung die Nutzung des Saales im Palmengarten gestattete; so war nach zwölf Jahren Ächtung Mendelssohn Bartholdys Musik wieder öffentlich zu hören. Der Chor pflegt, gemessen an der Zahl der Aufführungen, Bach und Mendelssohn mehr als jeden anderen Komponisten. Indes singt er auch die weitere A-cappella-Literatur der Romantik, die alte Musik von Heinrich Schütz und Claudio Monteverdi, oder selten gehörte, auch neue Werke der Chormusik.

FRANKFURTER MUSEUMS-GESELLSCHAFT E. V.
Gegründet 1808

Montag, 3. November 1947, 18 Uhr
Dienstag, 4. November 1947, 18 Uhr
im großen Saal des Palmengartens

3. Museums-Konzert

Der Elias

Oratorium von Felix Mendelssohn-Bartholdy
(zum 100. Todestag am 4. November 1947)

Leitung:
Generalmusikdirektor Bruno Vondenhoff

Mitwirkende:
Erna Dietrich, Sopran (Witwe, Knabe)
Christa Ludwig, Sopran
Luise Richartz, Alt (Engel, Königin)
Käthe Wurst-Lindloff, Alt
Franz Fehringer, Tenor (Obadjah, Ahab)
Otto Witazsdieck, Tenor
Carl Kronenberg, Baß (Elias)
Xaver Waibel, Baß

Chor:
Cäcilien-Verein E.V. gegr. 1818
Die Herren des Opernchors
Das Städt. Orchester (Opernhaus- und Museumsorchester)

Ankündigung „Elias“ im Palmengarten 1947

Der Chorleiter Schelble, als Operntenor im Sommer 1818 Gründer des Chors in seinem Privathaus, lud den schon in ganz jungen Jahren weithin bekannten Mendelssohn als Dirigenten der ersten Stunde. Mendelssohn widmete sein Oratorium „Paulus“ dem zweitältesten Konzertchor Deutschlands – fast genau hundert Jahre, bevor dieser Carl Orffs „Carmina Burana“ zur Uraufführung brachte.

Von Beginn an, als Gleichberechtigung noch ein Fremdwort war, sangen Frauen und Männer gemischt. Andere Gesangsvereine in Frankfurt und seiner Umgebung standen meist nur Männern offen. Andreas Bomba, Musikdirektor der Bachwoche Ansbach, wies in seiner Rede zum zweihundertsten Geburtstag des Cäcilienchors 2018 darauf hin, dass diese Trennung von (gemischten) „ernsten Chören“ und den eher gesellig ausgerichteten (männlichen) Liederkränzen bis heute eine „gender- und schichtenspezifisch-soziologische Komponente“ habe. Während die breite Chorbewegung in Deutschland, auch in Frankfurt, oft eine patriotische und nationale Gesinnung verkörpere, stehe beim Cäcilienverein die Kunst im Mittelpunkt – und Mendelssohn Bartholdy sei, so

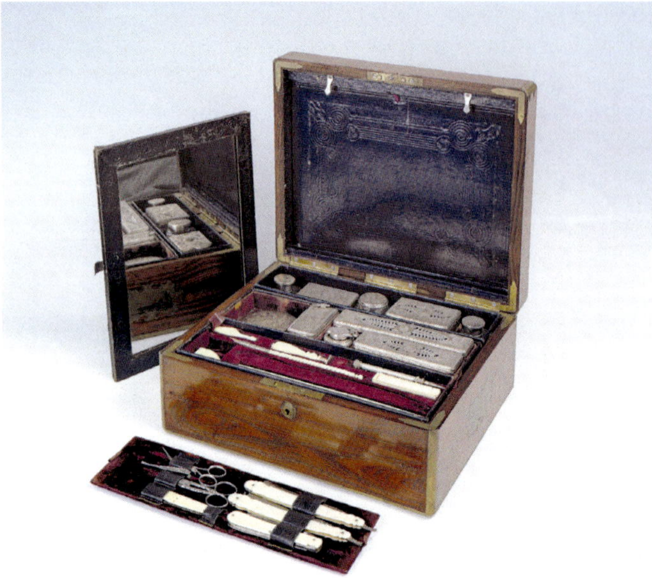

Reise-Necessaire für Felix, geschenkt vom Cäcilienverein

Bomba, dessen „Hausgott".[10] Ihm schenkte der Chor 1836 ein edles Reisenecessaire. Damals spottete dieser spätere Hausgott über seinen geliebten Chor, die Frauen sängen wunderbar, nur bei den Männern fehle es ein bisschen: „sie haben in Frankfurt nur Geschäfte im Kopf." Das relativierte er in durchaus sympathischer Weise – die Stadtrepubliken wie Frankfurt seien knauserig, fragten, was das koste – aber sie hätten auch „nicht ein bisschen Ostentation", also keine Lust, mit der Musik oder auch sonst zu protzen.

Schelble gab dem Männergesang Impulse – eine Gehörbildungsmethode aus strenger Systematik und Phantasie, die oft nachgeahmt wurde: Insofern war er ein Vorreiter musikalischer Früherziehung. Damals sammelten sich im Chor viele, die zur „guten Gesellschaft" Frankfurts zählten und deren Namen noch heute unter geschichtsbewussten Frankfurtern präsent sind. Welchen

Rang er im Stadt- und Kulturleben hatte und hat, zeigte sich wiederum, als er bei der feierlichen Wiedereröffnung der Paulskirche 1948 mitwirkte. Bei der Eröffnung Frankfurter Konzertsäle von jenem des Hessischen Rundfunks bis zur Alten Oper wirkte er wie selbstverständlich mit. Die Universitätsbibliothek Frankfurt hütet das historische Archiv des Cäcilienvereins mit zahlreichen Musikhandschriften Mendelssohns, darunter zwölf geistliche Chorwerke, vier Kantaten, zwei Motetten und das 1831 Schelble gewidmete „Ave Maria". Im Depot der Musikwissenschaftlichen Sammlung der Universitätsbibliothek an der Bockenheimer Warte steht ein Hammerflügel aus dem Hause Souchay, auf dem Mendelssohn gespielt hatte. Übrigens komponierte Mendelssohn Bartholdy auch für einen zweiten Frankfurter Chor, den 1829 begründeten „Liederkranz", Werke – der Liederkranz wurde vor allem durch sie bekannt.
Für Chorsänger ist Mendelssohn Bartholdy eine Lichtgestalt – und von diesen gibt es derzeit vier Millionen Deutsche, davon

Broadwood-Flügel aus dem Hause Souchay (an dem Mendelssohn spielte) im Depot der Universitätsbibliothek Frankfurt/Musikwissenschaftliche Sammlung

die Hälfte in Vereinen organisiert. Bedeutend war Felix nicht nur als Komponist, als Aufführender und als Dirigent, sondern auch als Anreger. Er brachte wie Schelble und der Cäcilienchor die damals wenig beachtete Musik von Johann Sebastian Bach durch seine Aufführungen wieder in das öffentliche Bewusstsein. Zudem hatte Mendelssohn durch die Edition der „44 kleinen Choral-Vorspiele für die Orgel von Joh. Seb. Bach" Bachs Werk verbreitet – an dieser Arbeit saß er vor allem in Soden im Taunus, wo er auch den Druck der Bachschen „Choräle mit Variationen" korrigierte.
Der Cäcilienchor hatte 1827 als erster Ludwig van Beethovens „Missa solemnis" dargeboten und bald darauf das „Credo" der Hohen Messe Bachs. Selbst bei ihren Sängern mussten Vorurteile gegen die Kompositionen Bachs überwunden werden. Die Matthäus-Passion Bachs war in Vergessenheit gefallen. Mendelssohn führte sie im März 1829 in der Singakademie zu Berlin auf und Schelble wenige Wochen später in Frankfurt mit dem Cäcilienchor – wichtige Daten der Musikgeschichte. Wie eng die Bindung beider war, zeigt ein Brief Mendelssohns an Schelble nach dem Tod seines Vaters: „Nach diesem großen Verluste sind Sie der einzige Freund, der mir den Vater ersetzen kann."[11] Sein Vater sei ihm in den vergangenen Jahren ein „einziger, ganzer Freund" gewesen und zugleich sein Lehrer in der Kunst und im Leben. In Briefen an seinen Sohn bevorzugte Abraham den Abschiedsgruß „Dein Vater und Freund". Ein Jahr später, im August 1836, starb dann auch Johann Nepomuk Schelble.
Der Cäcilienverein brachte Felix im Sommer 1836 wieder nach Frankfurt. Er übernahm für seinen erkrankten Freund Schelble vorübergehend die Leitung des Chors. Das stellte kein Problem dar, denn als Leiter des Gewandhausorchesters musste er nur von Oktober bis März in Leipzig sein. In Frankfurt wohnte er, in Abwesenheit seines Freundes, in dessen Haus „An der Schönen Aussicht" nahe der Stadtbibliothek. Im gleichen Haus wohnte Mendelssohns Vetter Philipp Veit, Direktor des Städel-Museums. Felix schildert die beneidenswerte Aussicht „jetzt im herrlichen Sommerwetter den Main hinunter zu sehen mit den vielen Kähnen, Flößen und

Schiffen, drüben die bunten Ufer und besonders mein alter Liebling, der Wartturm", die Sachsenhäuser Warte; „und auf der anderen Seite die blauen Berge" des Taunus. So wie er zuvor Schelble pries: „Man kann kaum glauben, wieviel ein Mensch, der was will, auf alle anderen wirken kann. Schelble steht dort ganz allein. Sinn für ernste Musik ist gewiß nicht vorzugsweise in F., und doch ist es merkwürdig, mit welcher Freude und wie gut dort die Dilettantinnen das wohltemporierte Klavier, die Inventionen, den ganzen Beethoven spielen, wie sie Alles auswendig wissen, jede falsche Note kontrollieren, wie sie wirklich musikalisch gebildet sind".
Kurz vor seinem schicksalhaften Frankfurt-Besuch im Sommer 1836 erholte sich Felix zunächst nur schleppend von der schweren Depression nach dem Tod seines Vaters. Rasch fand er dann allerdings wieder sein Gleichgewicht, als er seine spätere Frau Cécile Jeanrenaud in deren Elternhaus am Fahrtor traf. Als Felix Vater 1835 starb, waren die drei Geschwister – die Schwestern Fanny und Rebecka sowie der Bruder Paul – verheiratet, Felix aber mit 26 Jahren noch ungebunden. Die Eltern waren skeptisch – der

Elisabeth Jeanrenaud mit ihren Kindern (v. l.) Julie, Karl Cornelius und Cécile, Gemälde von Bernhard Schlösser 1835

Ansicht des Fahrtors in Frankfurt (vor 1840), Ölgemälde von Johann Gerhard Malss, 1846

Vater sagte: „Ich fürchte, Felix wird bei seiner Mäkelei ebenso wenig einen Operntext, als eine Frau bekommen", und die Mutter bemerkte über ihn: „Er ist ein gar so gutes Hausthier! Wollte der Himmel nur, er fände eine für ihn paßende Frau". So versprach Felix seiner geliebten Schwester Fanny zu Weihnachten, er werde den Sommer 1836, statt wie geplant die Mutter zu besuchen, um sie nach dem Tod ihres Mannes zu trösten, sich am Rhein umsehen. Es wurde aber der Main. Ohne Zweifel hatte seine spätere Frau einen starken Einfluss auf seine innere Harmonie und damit auf sein musikalisches Schaffen.

Wie die beiden sich trafen, ist nachzulesen in seinem veröffentlichten „Schreibkalender", den er in den für Frankfurt wichtigen Jahren 1836 und 1837 führte – damals offenbar der letzte Schrei auf dem Schreibwarenmarkt, um zeitgeplagten Menschen wie ihm eine bessere Möglichkeit zu geben, den Tag in Stichworten zu planen. Er nutzte das als eine Art Stichwort-Tagebuch und fast stets ohne Emotion. Cécile erwähnte er dort zum ersten Mal am 9. Juni 1836: „Ab(ends) zu Souchay. Verabredung zum Zeichnen. Zeichenbuch von Cecile." Das Zeichnen wird des Öfteren erwähnt. Am 9. September steht ihr Vorname zum zweitenmal dort „Nach Kronthal um halb 10. Ab(ends) halb 9 zurück. Cecile" – dass er sich in diesen elf Stunden verlobt hat, sagt er nicht. Von da an steht zehn Tage lang täglich fast nur da: „Cecile".[12]

Um seinem erkrankten Freund Schelble zu helfen und dem Cäcilienverein, der ohne dessen Leitung litt, war Mendelssohn am 4. Mai 1836 vormittags in Frankfurt angekommen. Schon am Nachmittag besuchte er die Familie des verstorbenen reformierten Predigers Auguste Jeanrenaud und traf dabei Cécile – geboren am 10. Oktober 1817 als drittes Kind von Auguste und Elisabeth Jeanrenaud in Lyon. Ein Leipziger Freund, ein Cousin der Mutter, hatte ihn schon angekündigt. Cécile hatte geglaubt, ein so berühmter Mann müsse alt, verdrießlich, abgehoben sein – zum jungen Mann aber fühlte sie sich hingezogen, wie Jacques

Auguste Jeanrenaud, Vater von Cécile

Petitpierre in einem reich ausgestatteten (aber nicht in allen Details verlässlichen) Buch über die Ehe der beiden (in der englischen Buchfassung heißt es treffend „die Romanze") schreibt. Felix war sofort von Cécile eingenommen. Dabei hielt er sich anfangs zurück – Cécile glaubte daher, Mendelssohn fühle sich eher angezogen von der wortgewandten und kultivierten Mutter oder der älteren Schwester Julie. Seinem Freund Ferdinand Hiller (1811–1885), der im Nachbarhaus wohnte, vertraute sich der junge Verliebte an bei täglichen Gesprächen über die Annäherung – er habe, so Hiller, über nichts anderes als über seine Liebe sprechen können. Auf dem Sofa habe er geschwärmt von der Lieblichkeit, Anmut und Schönheit seiner Auserwählten. So verbarg Hiller vor ihm das Stadtgerede – der Gesellschaft war die aufkeimende Romanze nicht verborgen geblieben. So manche Bürger meinten, es reiche nicht, gut ausgebildet und angenehm zu sein und aus einer angesehenen Familie zu kommen; selbst seine Berühmtheit erlaube ihm nicht, seine Augen auf eine Frankfurter Patriziertochter zu werfen. Felix zwang sich zu einem Strandurlaub in Scheveningen zusammen mit dem Maler Wilhelm Schadow, dem Direktor der Düsseldorfer Kunstakademie, mit der Absprache, dass Felix Schadows Sohn Latein beibringe und dafür Schadow Mendelssohns Zeichenkünste aufbessere. Mendelssohn wollte seine Gefühle in zeitlichem und örtlichem Abstand prüfen. Und schrieb dann Hiller, er möge „Mlle Jeanrenaud" grüßen, den Brief aber verbrennen und keiner Seele zeigen, wolle er nicht gehängt oder geröstet werden. Mendelssohn vergalt später Hillers Zuwendung – dessen Oratorium „Die Zerstörung Jerusalems" brachte er 1840 in Leipzig zur Uraufführung, und übergab ihm

Felix Mendelssohn Bartholdy, gezeichnet von Friedrich Wilhelm von Schadow 1834

1843 die Leitung der Gewandhauskonzerte in Leipzig, als er nach Berlin musste.
Felix schrieb seiner Mutter, berichtete von Cécile und bat sie, ihm zu vertrauen so zu handeln, wie sein Glück ihm gebiete. Bei seiner Rückkehr nach Frankfurt sah er Cécile fast täglich. Seiner jüngsten Schwester schrieb er am 24. Juli 1836: „Diese Zeit ist sonderbar. Ich bin so entsetzlich verliebt, wie noch niemals in meinem Leben, und ich weiß nicht, was ich anfangen soll. Übermorgen

soll ich von Frankfurt abreisen, mir ist aber, als kostete das den Hals; ich will in jedem Fall vor Leipzig wieder hier sein, um dies gar zu nette Mädchen noch einmal zu sehen, aber ob sie sich etwas aus mir macht, das weiß ich eben gar nicht und was ich anfangen soll, wie gesagt, auch nicht." Er ergänzte, dies seien die ersten recht frohen Stunden des Jahres, Cécile verdanke er, dass ihm wieder etwas freier zumute sei. An Fanny schrieb er: „Daß es solch ein liebes, gutes Kind noch in der Welt geben könnte, daran hatte ich ganz den Glauben verloren." Und seiner Mutter am 9. September: „[I]n diesem Augenblick, wo ich wieder in mein Zimmer trete, kann ich nichts anderes thun, als an Dich schreiben, daß ich mich mit Cécile Jeanrenaud verlobt habe … wie ist mir so reich und glücklich." Aber irgendwie verliert er auch nicht seine klare Linie: Er wolle „gern heiteren und ruhigen Sinns diese Sache verfolgen".

Céciles Onkel Eduard Souchay de la Duboissière (1800–1872), Senator und später Bürgermeister Frankfurts, schrieb, das junge Paar sei in den Taunus gefahren; unter einer Buche in Kronthal (Cronthal, heute ein Teil von Kronberg) habe Felix Cécile seine Liebe gestanden. Obwohl sie als Sopranistin beim Cäcilienchor sang, sei sie nicht besonders musikalisch gewesen. Ihre Stimme wurde gerühmt – sie konnte aber wegen zarter Gesundheit eine musikalische Ausbildung nicht fortsetzen. Was Felix angezogen habe, sei ihr friedliches, sanftes und hilfsbereites Wesen gewesen – das habe er gebraucht. Gefallen mag dem als Advokat und Kommunalpolitiker aktiven Onkel Eduard die Haltung des Besuchers zu Frankfurt: Obwohl es modisch sei, Frankfurt herabzusetzen (auch das hat sich wenig geändert), habe „Herr Mendelssohn, ein vielgereister Ästhet, eine lebhafte Hochschätzung für unsere Stadt und das Umland". Das wiederholte Felix in zahlreichen Notizen und Briefen, so schrieb er Philipp Veit „ins Weinland, eben nach Frankfurt". Auch schon vor der ersten Begegnung von Felix und Cécile äußerte dieser in Briefen ein „großes Behagen" an der Region[13]. Er liebe am Main die winterliche Gemütlichkeit und den erwachenden Frühling, vor allem aber den Sommer.

Familienbild von Esaïe Souchay 1799, gemalt in Hanau von Anton Wilhelm Tischbein

Durch die Geschwister der Mutter Céciles – die Souchays waren eine wohlhabende und weitverzweigte Hugenottenfamilie von der Loire – fand Mendelssohn Zugang zu einer der angesehenen großbürgerlichen Familien Deutschlands und Englands, über die es wie zu den Mendelssohns ausgiebige Studien gibt. Mit der Ehe hatten sich zwei der ebenso kultivierten wie wohlhabenden deutschen Bürgerfamilien verbunden. Mendelssohn pflegte bis zuletzt enge Beziehungen sowohl zu den Jeanrenauds wie auch vor allem den Souchays, die ihn wie einen Sohn aufnahmen. Céciles Mutter Elisabeth war die älteste von sieben Geschwistern. Der Bruder Johann (Jean), Großkaufmann in Manchester, hatte in Dresden-Loschwitz das Schloss Eckberg erbauen lassen, das größte der drei „Elbschlösser", im Volksmund auch „Villa Souchay" genannt. Eduard war Advokat, Senator und Bürgermeister in Frankfurt und Schriftsteller. Eine weitere Schwester der Mutter von Cécile war Emilia, deren Mann Friedrich Fallenstein später eine der gleich drei Villen am Neckarufer in Heidelberg nahe der Alten Brücke im Besitz der Großfamilie bewohnte. Zu deren Nachkommen

Juliet Souchay de la Duboissière

zählen die Volkswirte und Soziologenbrüder Max und Alfred Weber sowie der Historiker Theodor Mommsen.

Ein Bruder der Mutter war zudem Carl (Charles) Souchay, ebenfalls Kaufmann im väterlichen Unternehmen in Manchester. Seine Tochter Juliet Souchay de la Duboissière (Urgroßmutter des Autors) heiratete den Erfurter Robert Lucius, später Freiherr Lucius von Ballhausen – preußischer Landwirtschaftsminister und enger Bismarck-Vertrauter. In ihren unveröffentlichten Erinnerungen notiert Juliet, dass ihre Mutter mit einem Mann mit sehr langen schwarzen Haaren an ihrem Kinderbett stand. Dieser habe sie auf die Schulter gehoben, „als Pferd" die Treppe herunter genommen und mit ihr herumgetollt. Erst später habe sie gehört, dass Felix Mendelssohn als überaus kinderlieber Mensch bei seinem ersten Besuch im Hause der Kusine seiner Frau deren Tochter kennenlernen wollte. Sie habe bis an ihr Lebensende bedauert, dass sie ihn bei mehreren Folgebesuchen in Withington nie Klavier habe spielen gehört, dafür sei sie als zu jung erachtet worden. Aber sie sei bis zuletzt stolz gewesen, dass sie auf seinen Schultern gesessen habe. Diese Erinnerungen von Juliet an ihre Kindheit und Jugend zeigen, wie eng verwoben die Wege der Souchay und von Mendelssohn Bartholdy waren, jeweils mit dem Angelpunkt Frankfurt. Als Juliet als Kind einige Monate im Fahrtor zu Besuch war, fuhren ihre Eltern und älteren Geschwister nach Potsdam, um der Uraufführung des „Sommernachtstraums" im Neuen Palais zu lauschen, im Beisein des Königs und unter dem Dirigat von Felix. Als sie 1847 im Winter wieder in Frankfurt wohnten, hörten sie

bei ihrer Ankunft vom Tod des Komponisten, einem „schrecklichen Schmerz“ für ihre Eltern. Ihr Vater fuhr zur Beisetzung nach Berlin. In der Wohnung der Souchays stand eine Büste Felix'.
Über ihre eigenen Geschwister und natürlich ihre Mutter hatte Cécile Sophie Charlotte (in Familienbüchern auch Cäcilie, auf ihrem Grabstein Caecilie Sophie Charlotte) bis zuletzt Beziehungen zu Frankfurt und Frankfurtern behalten. Ihr Bruder Carl Jeanrenaud war Appellationsgerichtsrat und Advokat in Frankfurt, der Mendelssohn in juristischen Dingen beriet – er war einer der wenigen, denen der Komponist in späteren Jahren das „Du“ angeboten hat. Dessen Kinder lebten abwechselnd im Ausland und in

Grabinschrift der Cäcilie Mendelssohn Bartholdy

Frankfurt am Main. Sie waren Kaufleute, Inhaber einer Tee- und Kaffeehandlung sowie des Bankhauses Gontard. Und einer war wie Céciles Vater und Großvater Pfarrer der französisch-reformierten Kirche in Frankfurt (und später dann Sekretär im Büro zur Durchsetzung der Sonntagsruhe in Genf). Die Jeanrenauds, die aus dem schweizerischen Neuchâtel (Neuenburg) stammten, und die Souchays sahen sich in Frankfurt als Pioniere einer Insel des Calvinismus im Herzen des Luthertums.

Die Stellung der Familie wie auch die ausgedehnte Verwandtschaft erforderten, dass Cécile und Felix in seinen Weihnachtsferien in Frankfurt zwischen Verlobung und Hochzeit genau ausgeklügelt eine Vorstellungstour mit 163 Besuchen an drei Tagen machen mussten, so Felix im Schreibkalender. Nach der ausgedehnten Weihnachtsfeier am Fahrtor zwischen Verlobung und Hochzeit schrieb Felix seiner Schwester, er sei wild verliebt, und das erstmals in seinem Leben. Da er Frankfurt am nächsten Tag verlassen müsse, sei er unbeschreiblich unglücklich: Er könne weder komponieren, noch schreiben, noch Klavier spielen.

Zur Weihnachtsfeier schenkte Felix seiner Verlobten sein „Duetto“ op. 38 – ein Dialog einer Sopran- und einer Tenorstimme, die in ein instrumentales Liebesspiel münden. Es ist eines der wenigen seiner „Lieder ohne Worte“, denen er einen Titel gab – das tat er auch beim Jägerlied, Wiegenlied, Spinnerlied, Frühlingslied. Nebenbei bemerkt wurde die von Mendelssohn Bartholdy mit den Liedern ohne Worte, die ihn berühmt machten, geprägte Form musikalischer Miniaturen bald vielfach nachgeahmt. Weihnachten feierte Mendelssohn Bartholdy mindestens noch einmal in Frankfurt, 1844, als er mit der Familie in einer Wohnung eines Möbelhändlers in der Bockenheimer Gasse unterkam. Auch da schenkte er Cécile ein Autograph, diesmal aber nicht eines eigenen Werks, sondern ein Autographen-Album mit Handschriften von Friedrich dem Großen, seinem Großvater Moses Mendelssohn, Heinrich von Kleist und anderen Größen.

Das Elternhaus Céciles am Weinmarkt, das Felix schon bald zur zweiten Heimat wurde, lag neben dem Fahrtor, ein herrschaftliches Haus mit Innenhof und mit sieben Fenstern zum Main mit

Blick auf Sachsenhausen. Dort saß Felix oft stundenlang im ersten Stock und betrachtete die Wellen und Kähne des Mains, zeichnete dort auch gelegentlich. Die Nähe von Cécile sowie ihrer Mutter, die Felix „kleine Mutter“ nannte und die 1819 schon mit 24 Jahren und vier Kindern Witwe geworden war, gab ihm Ruhe. Das gotische Fahrtor (früher Fahrthor) als Durchgang vom Weinmarkt am Ufer zum Römerberg gab dem Souchay-Haus, das eigentlich den Namen „Zur alten Scheuer“ trug, seinen Namen – auch, um es von anderen Souchay-Villen in der Stadt zu unterscheiden. Zu sehen ist es wunderbar in dem großen Stadtpanorama des Reisemalers Carl Georg Enslen von 1847, das im Historischen Museum Frankfurts hängt. Enslen zeichnete es von einem Kirchturm auf der südlichen Mainseite aus. Heute stehen erhaltene oder wiederaufgebaute Häuser mit Tradition nahebei, etwa direkt ums Eck das denkmalgeschützte Haus Wertheim – das einzige im Originalzustand erhaltene Fachwerkhaus der Altstadt. Das Souchay-Haus aber, vor dem Zweiten Weltkrieg noch polnisches Konsulat,

Fachwerkgebäude Haus Wertheim zwischen Main und Römer

Blick vom Main neben Rententurm: hinter den linken Bäumen stand das Elternhaus von Cécile

wurde danach abgerissen. Erst stand dort ein Gebäude einer Kirchengemeinde, jetzt ein gesichtsloses Beton-Gasthaus. Jede Erinnerung an ihre berühmten Bewohner, zumindest eine Plakette, fehlt bisher.

Erworben und später, 1809, auf dem Grundstück neu erbaut hatte das Haus Céciles Großvater Cornelius Carl Souchay, Tuchgroßhändler in Frankfurt, London und Manchester. Er hinterließ bei seinem Tod zwei Millionen Gulden, eines der größten Frankfurter Vermögen. Er war nicht nur risikobereiter Kaufmann, sondern auch Freund der Künste und vor allem der Musik. Unmittelbar bevor Cornelius Carl Souchay, der Vorvater der Weber, Mendelssohn Bartholdy, Lucius, Mommsen, im Mai 1838 an Brustwassersucht starb, spielte Felix ihm einige Stunden lang seine Lieblingskompositionen von Mozart, Haydn, Beethoven vor „zu seiner großen Freude über die Musik und über den liebenswürdigen Mann seiner schönen Cécile“. Zu deren Verlobung hatte er seiner Enkelin geschrieben „Was ich für Euer Wohl tun kann, soll mit Vergnügen geschehen". In seinem Haus am Fahrtor waren im Erdgeschoss Warenlager und Kontor, die Wohnungen und Gesellschaftsräume in den Obergeschossen. Seine Frau, Céciles Großmutter Helene Schunck, wurde wegen ihrer großen Schönheit gerühmt – der bayerische Hofmaler und Porträtist Joseph Karl Stieler, der sie 1809 malte, nannte sie die „schönste Frau Deutschlands". Davon hat sich offenkundig etwas auf die Enkelin übertragen, die mit ihren tiefblauen Augen Felix verzauberte. Helenes Tochter Henriette Benecke, also Tante von Cécile, beschrieb ihr Elternhaus zur Winterzeit – „Eine lustige Zeit war es, wenn der Fluss zugefroren war und alle schöne Welt gerade vor unseren Fenstern sich auf dem Eis herumtrieb, wahrhaft großartig zu sehen und zu hören, wenn dann der Frühling kam und mit Donnergekrache die alte Eisdecke auseinander sprang."[14] Aus dem gleichen Fenster schaute bald darauf Felix stundenlang und zeichnete.

Zeichnung von Felix aus dem Fenster des Hauses Fahrtor/Souchay

Vom Souchay-Haus sah man auf den Rententurm von 1456 neben dem alten Fahrtor – heute zugänglich als Teil des Historischen Museums. Mendelssohn zeichnete ihn aus einem der Fenster, noch bevor das historische Fahrtor 1840 wegen des Uferschutzes und Ausbaus des Mainkais abgerissen wurde (der Rententurm aber blieb stehen); die Zeichnung ist im Besitz seiner Nachkommen. Er war nicht der einzige, den dies Motiv anzog: William Turner zeichnete das Fahrtor, einst das wichtigste Tor der Stadtbefestigung auf der Mainseite, unmittelbar davor, 1835, jetzt in der Sammlung der Tate Gallery in London. Auch auf dem Bild von Carl Morgenstern 1849 „Frankfurter Mainansicht mit dem Fahrtor", dessen Reproduktion in nahezu jeder Frankfurter Patrizierwohnung hing, ist das Elternhaus von Cécile gut zu sehen; ein Souchay schenkte das Bild dem Städelschen Kunstinstitut.
Mendelssohn sprach auch später stets vom Fahrtor, wenn er das Souchay-Haus meinte: direkt gegenüber vom Eisernen Steg und nun neben dem Historischen Museum Frankfurts. Und er ließ sich durch Umbauten und Baulärm nicht vertreiben, wie seine Schwieger-Großmutter Helene schrieb: „Dass Mendelssohn, un-

Das Souchay-„Haus am Fahrtor" mit sieben Fenstern direkt über der Eisernen Brücke, 1939

ter dem ungeheuren Getöss, in schmutziger Eintracht, zwischen Wolken von Staub, unter uns leben und noch nebenbei behaupten mag, dass es ihm dennoch an den Ufern des Mains besser als irgendwo gefalle, begreife ich nicht … Que dites-vous von dieser Anhänglichkeit an Frankfurt, wo man allerdings vor dem königlichen Bild nicht niederzuknien und Abbitte zu tun, nicht jeden Tag den Unterschied zwischen einem hohen Adel und dem Publikum schwarz auf weiss zu lesen hat.“[15]

Ein halbes Jahr nach der Verlobung unter den Buchen, am 28. März 1837, heirateten Felix und Cécile in der französisch-reformierten Kirche am Goethe-Platz in Frankfurt – diese war turmlos, da ihr die Verwendung von Glocken bis 1806 untersagt war. Bis dahin durfte die Gemeinde auch nicht Personenstandslisten führen, also Ehen schließen, da das öffentlich-rechtliche Amtshandlungen waren. Die reformierten Calvinisten, ursprünglich aus Frankreich und dem belgischen Wallonien, feierten von 1554 bis 1916 ihre Gottesdienste auf Französisch – dann war das inmitten des Ersten Weltkrieges nicht mehr gewollt. 1554 hatten die französischen Glaubensflüchtlinge nach langen Irrfahrten dem Rat

Die Französische-Reformierte Kirche, zweite Hälfte des 19. Jahrhunderts

Altar und Predigtkanzel der Hochzeitskirche von Felix und Cécile

der Stadt ihr reformiertes Glaubensbekenntnis und ihre Gemeindeordnung überreicht. Den wallonischen Glaubensflüchtlingen folgten später Niederländer, die zur Gründung auch der Deutschen evangelisch-reformierten Gemeinde führte, und Engländer, die vor Maria Stuart flohen. Eine Besonderheit der französischen und deutschen reformierten Schwestergemeinden war, dass sie nicht wie üblich in Parochial/Stadtteilgemeinden organisiert waren, sondern Gemeindekirchen statt Amtskirchen waren und das teils über die Stadtgrenzen hinaus. Zudem beruhte das Gemeindeverständnis damals eher auf einem durch familiäre Bindungen gewachsenen Zugehörigkeitsgefühl denn auf bestimmten Dogmen oder Ritualen. Dabei war das Hochzeitsdatum des Paares dank der Formstrenge des Pastors gefährdet: Erst einen Tag vor der Trauung brachte der Anwalt aus Leipzig Bestätigungen, dass Felix weder verheiratet noch ein Landstreicher sei.

Zum Felix Mendelssohn-Gedenkjahr 2009 – am 3. Februar 2009 wäre er 200 Jahre alt geworden – würdigte die Evangelisch Französisch-Reformierte Gemeinde Frankfurt ihn mit einem Festkonzert und einem Festgottesdienst.

Es wurde eine überaus glückliche Ehe. Zur Hochzeitsfeier hatte Mendelssohn Bartholdy die „Cantique 106", den Französischen Choral komponiert. Seinen weltberühmten Hochzeitsmarsch aus seiner Bühnenmusik zu William Shakespeares „Sommernachtstraum" komponierte er erst fünf Jahre nach der Hochzeit auf

Wunsch des preußischen Königs Friedrich Wilhelm IV. Nach Ankunft der blumengeschmückten Kutschen mit Verwandten und Freunden musste die Umgebung der Kirche mit Ketten abgesperrt werden, um den Andrang der Bevölkerung zu kontrollieren. Die Mendelssohn-Familie wurde indes nur von der Tante Dorothea Schlegel und ihrem Sohn vertreten: Die Mutter Lea war vergrippt, beide Schwestern hochschwanger und der Bruder kaufte gerade eine Bank in Hamburg. Freunde von Felix fanden es ironisch, dass der „deutscheste aller Komponisten" auf französisch getraut wurde. Für die anschließende Hochzeitsfeier im Hause der Schwiegermutter Jeanrenaud-Souchay am Fahrtor hatte Hiller einen Festchor komponiert, gesungen von „weiblichen Matadoren". Dort waren die Patrizier Frankfurts versammelt – neben den Verwandten die Bethmann, Gontard, Textor, de Bary, Sarasin, de Bihl, Schunck. Ein Gang durch den Stadtfriedhof Frankfurts zeigt die Erbbegräbnisse dieser Familien, nahe jenem von Cécile.

Die Hochzeitsreise entlang des Unter- und Oberrheins und Schwabens, vor allem nach Baden-Baden sowie nach Darmstadt und Heidelberg, führte das junge Paar noch zweimal nach Frankfurt. Auf ihrer nach Céciles Geschmack blau-braunen Reisekutsche saß Felix auf dem Kutschbock, seine junge Frau im halboffenen Wagen. Während der Fahrt mit der von Felix erworbenen Kutsche schrieben sie gemeinsam ein noch erhaltenes Tagebuch mit ihren Zeichnungen. Das endete in Frankfurt, wo Mendelssohn Bartholdy, so notiert seine Frau knapp, im von seinem Vetter Veit geleiteten Städel auch den schwedischen Kronprinzen traf, der 1844 dann als Oskar I. König von Schweden und Norwegen wurde. Als Felix nach der Hochzeitsreise nach Birmingham musste, um sein Paulus-Oratorium zu dirigieren, führte seine Frau das Tagebuch fort und ließ jede zweite Seite frei, damit Felix das nach seiner Rückkehr ergänze. Auch Briefe unterschrieben sie oft gemeinsam. Ihrem Bruder Carl etwa schrieb der neue Schwager, seine ganze Freude hänge ab von dessen Schwester; er, Felix, verdiene ein solches Glück nicht, er könne aber ohne es nicht leben.

Dass Cécile sich in die Mendelssohn-Familie in Berlin nahtlos einfügte, schrieb mehr als ein Jahrzehnt nach ihrem Tod ein

Hochzeitskutsche von Felix und Cécile, gezeichnet von Felix

Frankfurter – ihr Onkel Eduard Souchay, der die beiden vielfach in ihrem Familienkreis sah: Als Felix, Liebling seiner Mutter, Cécile heimbrachte „mit ihrem innigen ruhig liebevollen Wesen, so ganz im Gegenteil einer geistreichen Jüdin und Berlinerin, dabei von allgemein bewunderter Schönheit, und als Cécile so recht mit töchterlicher Liebe und Bescheidenheit in den Kreis der Verwandten trat, war die alte Frau hingerissen" ebenso wie die Geschwister und Schwäger von Felix; denn „Cécile machte keinem der Geschwister ihres Mannes etwas streitig von seiner Liebe, sie gab ihnen allen noch viel dazu".[16] Fanny schreibt, Céciles Gegenwart habe etwas von frischer Luft, sie sei leicht, klar und natürlich.

In den folgenden Jahren war Mendelssohn Bartholdy regelmäßig und über jeweils längere Zeit in Frankfurt und dort wohlbekannt. 1839 etwa wurden am Wäldchestag die „Sechs Lieder im Freien zu singen", op. 48 uraufgeführt: bei einem Waldfest, das Frankfurter Familien 1839 zu Ehren ihres berühmten Gastes im Frankfurter Stadtwald gaben. Der Wäldchestag am Dienstag nach Pfingsten ist gleichsam Nationalfeiertag Frankfurts. Cécile beschreibt im Tagebuch der Hochzeitsreise die Fahrt durch den Frankfurter Stadtwald und zurück über Niederrad: Felix setzt sich unter diesem Eindruck in sein Zimmer „und schreibt noch manches Notenköpfchen bis zum Ende des Tages".

Dort, nahe der Oberschweinstiege an einem Weg im Oberwald, sangen Bürger (auf Anregung von Céciles Familie Jeanrenaud) die Sechs Lieder. Felix schwärmte, auch in einem Brief an seine Mutter, lange von diesem Fest: Es sei „das Schönste, was ich bis jetzt von Gesellschaften gesehen habe … einzig in seiner Art".

Man sah, so schreibt er, „in der Entfernung die vielen weißen Gestalten unter dem Rande von Bäumen, die mit dicken Blumenkränzen verbunden waren und einen Konzertsaal darstellten. Wie lieblich da der Gesang klang, welcher Schmelz und Reiz über den Tönen war, alles so still und heimlich und doch so hell … Wie sie nun mein erstes Lied anhoben, da war es in der Waldstille

Motiv aus dem Frankfurter Stadtwald, Ölgemälde von Karl Peter Burnitz, undatiert

so bezaubernd, daß mir fast die Thränen in die Augen kamen. Wie lauter Poesie klang es … So sangen sie das ganze Heft durch und dann drei neue Lieder, die ich dazu komponiert hatte, und das dritte (Lerchengesang) wurde kaum gesungen, nur gejubelt und dreimal nacheinander wiederholt."[17] Meisterhaft beherrschte Mendelssohn in seinen Werken – in Musik wie auch Briefen – Stimmungsmalerei.
Mendelssohns „Sechs Lieder, im Freien zu singen" hatten eine ähnliche nachhaltige Wirkung wie zuvor seine „Lieder ohne Worte", die ein neues und erfolgreiches Genre wurden. Bedingung für die Textvorlagen seiner Lieder waren Melodik und Überschaubarkeit – sie mussten in Text wie auch seiner Melodie einen Volkston treffen. Vierstimmiger Gesang ohne Klavierbegleitung im Wald oder auf einem Kahn, sagte der Komponist, sei die natürlichste Musik von allen und die einzige Art, wie man Volkslieder schreiben könne. Er hatte sie teils auf Spaziergängen im Stadtwald – einer der größten kommunalen Wälder in Deutschland – komponiert. Diesen beschrieb er so: „Wenn man in dem des Abends spazieren geht unter den prachtvollen Buchen, in den unzähligen Kräutern und Blumen und Brombeeren und Erdbeeren, da geht Einem das Herz auf." Der Autor des von ihm benannten und vertonten kurzen Lerchengesanges ist unbekannt. Bei den meisten seiner Lieder wählte Mendelssohn aber Gedichte wohlbekannter Dichter – neben Goethe etwa Joseph Freiherr von Eichendorff oder Heinrich Heine. Heine und die Familie Mendelssohn kannten sich aus Berlin gut. Heinrich Heine war ständiger Gast in der Leipziger Straße und interessierte sich zeitweise für die jüngste Schwester, Rebecka.
Die Familie seiner Frau, Jeanrenaud, stiftete 1906 einen Gedenkstein aus einem Syenitblock (Findling) mit einer Bronzetafel, der am Ort des Konzerts in der Gemarkung Sachsenhausen aufgestellt wurde, zur Erinnerung an Felix. Die „Mendelssohnruhe" wurde 1934 von Nazis zerstört. Waldarbeiter vergruben den Gedenkstein, der 1948 wieder ausgegraben und neu aufgestellt wurde. Das entspricht anderen Ächtungsmaßnahmen der Nationalsozialisten: Die Mendelssohnstraße im Westend hieß von 1938 bis

Blumenpflücken im Stadtwald – gezeichnet von Felix Mendelssohn Bartholdy

1945 Joseph-Haydn-Straße, eine von 44 Straßenumbenennungen in Frankfurt zwischen 1933 und 1945. Der Runderlass des Reichsinnenministers vom 27. Juli 1938 erzwang „reichsweit" einen neuen Namen für alle Straßen, die „nach Juden und jüdischen Mischlingen I. Grades" benannt waren.

Frankfurts Bürger organisierten für Mendelssohn mehrfach Konzerte oder Veranstaltungen. Bei einem Orchesterkonzert des Frankfurter Museumsvereins dirigierte er 1839 seine „Hebriden-Ouvertüre" und sein „Ave Maria". Auf einem Fest stellten Frankfurter Familien neun „lebende Bilder" dar nach Motiven seiner Melodien. Mendelssohn wurde eingebunden, indem ein Frankfurter, der ihm ähneln sollte und wie er kostümiert war, in begeisterter Attitüde als „Statuette eines Komponisten" Noten schrieb und, wie es Mendelssohns Art war, an seinem Taschentuch knabberte. Der Frankfurter Liederkranz führte in seiner Anwesenheit seinen Chor „Der Jäger Abschied" auf, sechs von ihm vertonte Lieder von Joseph von Eichendorff mit dem eindringlichen Satz „Wer hat dich, du schöner Wald, Aufgebaut so hoch da droben?" – für den passionierten Waldgänger Mendelssohn wie gefunden; der Abend setzte das erste deutsche Sängerfest 1838 fort. 1845, zwei Jahre vor seinem Tod, spielte er Beethovens c-Dur-Sonate auf einem Benefizkonzert zugunsten von Opfern einer Überschwemmung im Frühjahr. Das Elbhochwasser 1845 war bekannt als „Sächsische Sintflut", auch 1842 erreichte es am Main „Rekorde". Am Main war das ein Jahr-

Gedenkstein Mendelssohnruhe im Frankfurter Stadtwald an der Schweinsstiege

Mendelssohnstraße im Frankfurter Villen- und Bankenviertel Westend

hunderthochwasser – in Würzburg etwa mit dem höchsten Pegel seit Beginn der Messungen, und in Frankfurt in mehreren Wellen mit einem Scheitel von bis zu fünf Metern über normal. Da erreichte das Wasser die untere Etage des Familienhauses am Fahrtor, und man musste heran paddeln und auf die Stufen zur ersten Etage springen.

Fast wäre auch der „Paulus", das erste der beiden vollendeten Oratorien Mendelssohns, in Frankfurt uraufgeführt worden. Der Cäcilienverein hatte ihm 1831 vor dessen großer Parisreise das Paulus-Oratorium in Auftrag gegeben – sein bis dahin größter Auftrag –, 1832 begann er mit der Arbeit[18]. Wegen der Erkrankung Schelbles kam es aber 1836 nicht in Frankfurt, sondern in der Düsseldorfer Tonhalle zur Uraufführung – der Beginn eines großen Siegeszuges durch Europa, wie es ihn bei Oratorien seit Haydns Spätwerk nicht mehr gegeben hatte. In den folgenden 18 Monaten wurde „Paulus", mittlerweile eines der beliebtesten aller Oratorien und ein Wendepunkt in deren Geschichte, fünfzig weitere Male an vierzig Orten aufgeführt, auch in Liverpool und Birmingham, Boston, Prag und Moskau. Der „Paulus" fand als

erstes Oratorium seit Joseph Haydns „Die Schöpfung“ und „Die Jahreszeiten“ Eingang in das internationale Konzertrepertoire. Dieser Erfolg machte Mendelssohn im Alter von nur 27 Jahren endgültig zu einer Berühmtheit in Europa. Übertroffen wurde die Popularität erst durch Mendelssohn Bartholdys zweites Oratorium „Elias“. Robert Schumann schrieb über Mendelssohn, er sei der Mozart des 19. Jahrhunderts, der hellste Musiker, der die Widersprüche seiner Zeit klar erkenne und sie versöhne[19]. Mendelssohn förderte den jungen mit ihm befreundeten Schumann und dirigierte die Uraufführung seiner ersten beiden Symphonien wie auch dessen Klavierkonzert. Den Vergleich mit Mozart, den schon Goethe ins Spiel brachte, nahmen auch andere auf. Der Klaviervirtuose Hans von Bülow nannte Mendelssohn „das höchste Formgenie nach Mozart“ und selbst Richard Wagner, der später mit seiner antisemitischen Streitschrift Mendelssohn Bartholdy schmähte, nannte ihn zu dessen Lebzeiten „das größte Musikgenie seit Mozart“.
Gestalt und Leben des Paulus faszinierten Felix auch vor seiner eigenen Identitätssuche und der seines Vaters – als getaufter Jude oder als Christ jüdischer Herkunft. Denn Paulus erzählte auch von der Wandlung eines jüdischen Eiferers zum christlichen Apostel. Wie wichtig Mendelssohn Bartholdy sein evangelischer Glauben war, zeigten seine Hochzeit mit der Tochter eines reformierten Geistlichen; seine umfangreichen schriftlichen Darlegungen vor seiner Konfirmation; sein Umgang mit protestantischen Theologen, und seine von Inbrunst geprägte Kirchenmusik. Er studierte sogar in Rom katholische Kirchenmusik, auch um den eigenen evangelischen Standpunkt so weiterzuentwickeln.
Mendelssohn Bartholdy war als ein gefragter Musiker und als ein Mensch, der letztlich kaum Ruhe fand, beständig unterwegs. Zunächst aber ging er auf Anregung des Vaters von 1829 bis 1833 auf eine große Bildungstour, erst nach England, da dort das Konzertleben lebendig war, dann nach Süddeutschland, Österreich, Italien, der Schweiz, Belgien, Frankreich – das waren noch eher gelassene Jahre. Später wuchs sein Ruhm ins Unermessliche, er war Favorit und begehrt von gleich drei Königen – in London, Berlin

Soden um 1840, Zeichnung von Carl Jügel aus dem Taunusalbum

und Dresden. Um in seinen Jahren als Musikdirektor der Gewandhauskonzerte in Leipzig, als Königlich Preußischer Kapellmeister in Berlin und vor ständigen Anforderungen und Erwartungen dennoch Ruhe zu finden, lebte Mendelssohn in den Sommern 1844 und 1845 im Kurort Soden am Südhang des Taunus – fünfzehn Kilometer entfernt vom Haus seiner Schwiegermutter am Main. Damals stand Soden – erst 1922 Bad Soden – wie Sulzbach unter der Schutzherrschaft Frankfurts. Er war froh, dort mit Frau und Kindern, aber ohne förmliche Kleidung, also Frack, und Verpflichtungen zu sein, ohne Visitenkarten, Klavier und Kutschen. So nahm er nur sein Zeichenalbum mit und leere Notenblätter zum Komponieren. Er ging stets mit einem Zeichenblock – viele Skizzen und Zeichnungen entstanden. Aber auch in der Stadt Frankfurt flanierte er gerne – und sang dann auch mal nach einer ausgedehnten Punschfeier mit einem Begleiter das Duett aus Faust auf der alten Mainzer Gasse. Über diese zwei „ruhigen, einförmigen" Sodener Sommer berichtet mit zahlreichen Briefauszügen Jürgen Dehl in seinem Buch „Ein Genie macht Urlaub".
Mendelssohn wanderte wie im Frankfurter Stadtwald viel und fand Anregungen für seine Wald- und Wanderlieder. Bei Organisten oder Pfarrern in Sulzbach, Kronberg und Eppstein ließ er

sich die Kirchentür aufschließen und spielte stundenlang Orgel, stieg auf den Feldberg und wanderte nach Hofheim und in Wälder bei Wildsachsen. Seiner Schwester schrieb er von diesen unbeschwerten Wochen, den letzten friedvollen seines Lebens, nach Italien, bei ihm gebe es keine Palmen, wohl aber Mehlspeisen. Er liege unter Apfelbäumen und großen Eichen und esse Erdbeeren zum Kaffee, Mittag und Abendessen. Ein Spaziergang von zehn Minuten bringe ihn auf die Höhen des Taunus, wo man nichts brauche – und dennoch bedeute ihm das mehr als das Treiben von London. 1844/45 wohnten in Soden nur 500 Einwohner und 360 Badegäste im Jahr. 1855 aber, nach dem Bau der Bahnlinie nach Frankfurt, verdoppelte sich die Einwohnerzahl, die der Kurgäste verzehnfachte sich.

Ein Lehrer hatte die „Villa Nassovia“ in der Königsteiner Straße 89, in der Felix in Soden wohnte, erst zwei Jahre zuvor, 1842, als Pension für etwa zwanzig Gäste erbauen lassen. Sie trägt nun auch den Namen „Villa Mendelssohn“: ein Gebäude im heiter-leichten Palazzo-Stil mit Stützsäulen, zweigeschossigen gusseisernen Balkons mit filigranem Gitter. Heute ist das unter dem Namen Casa Mendelssohn ein italienisches Restaurant, das Filetspitzen als Pennette Mendelssohn anbietet. Direkt davor ist der Alte Kurpark, umgeben von Hügeln, dessen Stadtmuseum, Archiv und Stadtbibliothek nun der berühmten Kurgäste gedenken, unter ihnen der Dichter Leo Tolstoi und der Reichskanzler Otto von

Soden, Königsteiner Straße – Blick auf Kurpark Richtung Villa Nassovia

Villa Nassovia in Soden, 2019

Bismarck. 1845 – da wohnte Mendelssohn samt Familie von Ende Mai bis Mitte August in der Nassovia – holte er gar im Juli alle drei Geschwister dorthin zum „Geschwisterkongress", das letzte Treffen der vier. Schon 1843 erholte sich in dieser Pension der Komponist Giacomo Meyerbeer, Musikdirektor in Berlin. In der Nassovia wohnte auch der Dichter des Deutschlandliedes August Heinrich Hoffmann von Fallersleben. Mit ihm, dem Dichter Ferdinand Freiligrath, der fast täglich aus dem nahen Kronthal herüberwanderte, dem österreichischen Dichter Nikolaus Lenau, dem Komponisten Ferdinand Hiller und dem Romanautor Karl Gutzkow aus Frankfurt wanderte Mendelssohn häufig.
Die Bad Sodener Musikstiftung und die Stadt laden regelmäßig zu Mendelssohn-Tagen der Musik nach Bad Soden; zudem gibt es dort einen Mendelssohn-Wettbewerb für junge Musiker. Zu den 11. Mendelssohn-Tagen in Soden 2016 stellte die Kurstadt zwölf seiner Skizzen aus mit Stadtansichten samt unterhaltsamen Reiseerlebnissen in Briefen an Freunde und Familie. Die 14. Men-

delssohn-Tage der Musik im Oktober 2019 wurden begleitet von Stadtführungen „Auf Mendelssohns Spuren". Auch das Kulturnetzwerk „Die Cavallerotti" im benachbarten Schwalbach pflegt wie die Mendelssohn-Bartholdy-Schule in Sulzbach am Rande Sodens das Andenken des Komponisten.
Bei einer seiner Wanderungen in der Umgebung fragte ein Zöllner an der Offenbacher Schiffsbrücke seinen Begleiter, ob der „kleine Herr mit den schwarzen Locken" nicht Mendelssohn sei, dessen Lieder sie im Verein sängen. Als der Begleiter, auch ein Komponist, bejahte, entgegnete der Zolleintreiber, dann wolle er selber den Zoll für Mendelssohn zahlen. Dieser wiederum sagte, das bereite ihm mehr Freude als der Orden Pour le Mérite, den er just vom preußischen König erhalten hatte. In seinen glücklichen Taunus-Wochen schrieb er seinem Schwager Carl Jeanrenaud, ob dieser von einer leeren Wohnung neben dem Fahrtor als Absteige wisse. Mehrfach erwähnte er, in Frankfurt oder im Taunus ein eigenes Haus kaufen zu wollen. Das Vorhaben eines Zweit- oder auch Erstwohnsitzes am Main zumindest für den Sommer aber kam nicht mehr zustande. So hatte Felix Ende 1845 geschrieben, er wolle sich in Frankfurt ein Haus mit Garten bauen oder bauen lassen, wo er für immer „in das herrliche Land und in das frohe, leichte Leben" zurückkehren könne: „Je eher das geschieht, desto lieber wird es mir sein." Er hoffte auf eine Befreiung von Pflichten zugunsten eines schöpferischen Geistes.
In Frankfurt und Soden komponierte Mendelssohn zahlreiche Werke – etwa Teile des Oratoriums „Elias"; das berühmte Violinkonzert in e-moll op. 64, das neben jenem Beethovens einen Ehrenplatz in der Musikliteratur hat; die sechs Orgelsonaten op. 65; das Klaviertrio d-moll op. 49, das Robert Schumann als „Meistertrio der Gegenwart" bezeichnete, das noch Enkel und Urenkel erfreuen werde. Zudem das Streichquintett b-Dur, Chorsätze und Lieder, den Anfang eines Psalms sowie eine Motette, die er dem Preußischen König sandte. Ans Ende seiner Schaffenszeit fällt das „Lied für die Deutschen in Lyon" nach einem Text des volkstümlichen Frankfurter Heimatdichters Friedrich Stoltze – das war ihm wichtig auch, weil Cécile in Lyon geboren wurde.

Das seinem Freund, dem Violinisten Ferdinand David, versprochene Violinkonzert schwebte ihm über Jahre im Kopf. Auch bei anderen Werken neigte er dazu, sie immer wieder, auch nach der Uraufführung, zu überarbeiten. Nur das Datum der Fertigstellung dieses Violinkonzerts ist bekannt, der 16. September 1844 – sechs Jahre zuvor hatte er es David versprochen. Die Entstehung ist nicht mehr nachzuvollziehen: Die in der Deutschen Staatsbibliothek Berlin aufbewahrte Partitur ist seit dem Zweiten Weltkrieg verschollen. Im e-moll-Violinkonzert wirkt stärker noch als in manch anderen seiner Werke im Appassionato des ersten Satzes das Drängende, die Leidenschaft seiner Musik; aber auch im Finalsatz das Elfenhafte, Schwebende, das nicht nur in der Ouvertüre zum „Sommernachtstraum“ hervorsticht. Ebenso als Partitur verschollen ist sein „Trauergesang“, den er im Sommerurlaub 1845 am gleichen Tag vollendete wie sein selten aufgeführtes Streichquintett B-Dur (Opus 85) für zwei Violinen, zwei Violen und Violoncello, ebenso seinem Freund, dem Leipziger Konzertmeister Ferdinand David gewidmet. Es klingt über weite Strecken düster – wie seine Briefe aus den letzten zwei, drei Lebensjahren. Sein Adagio e lento im Stil eines Trauermarsches gilt als eine der großen Elegien der romantischen Kammermusik.

In Leipzig wird Mendelssohn Bartholdys Klavier-Trio c-Moll Opus 66 aufbewahrt, das dieser in Frankfurt komponierte und in Soden vollendete. Sein zweites Klaviertrio gilt als weniger populär als das erste in d-moll. Dabei ist es gemessen an der Kompositionstechnik anspruchsvoller und hebt sich ab von der Salonmusik anderer Kammermusikwerke seiner Zeit. Zudem deutet sich mit neuen Wegen ein Stilwandel an zur Spätromantik. Musikhistoriker meinten, „nirgends anders“ als in der wohlig-idyllischen Umgebung Sodens hätte der überarbeitete Komponist ein solches Meisterwerk komponieren können – „sans Reise, sans Musikfest, sans everything“, wie Felix seiner Schwester Rebecka schrieb. In jenen zwei produktiven Sodener Sommern schreibt er: „Könnte ich nur ein halbes Jahr so fortleben, wie diese 14 Tage jetzt hier, was brächte ich nicht alles fertig.“

Noch stärker als der Kammermusik und den Liedern widmete sich Mendelssohn Bartholdy in Soden und Frankfurt der Orgelmusik. Bei seiner achten Englandreise hatte er vom Londoner Verlag Coventry & Hollier einen Kompositionsauftrag für Orgelstücke erhalten, den er weitgehend in Soden erfüllte – ein ganzes Buch voll Orgelstücke, dass er diesem Verlag „um des leidigen Mammons" versprochen habe. Wie er das niederschrieb, deutet darauf, dass er vieles schon im Kopf hatte und das zyklisch anordnen wollte. Eine Choralfuge fügte er ein, die er zur Hochzeit seiner Lieblingschwester Fanny komponiert hatte. Seine Orgelsonaten wollte der Komponist gleichzeitig in den vier Musikhauptstädten London, Mailand, Paris und Leipzig erscheinen lassen. Immer wieder improvisiert Mendelssohn auf den Orgeln im Vortaunus, etwa in Eppstein – nur nicht in Soden, wo die Orgel ebenso wie die Kirche in schlechtem Zustand war. In Eppstein wie auf dem nahen Berg Staufen auf einem Findling hängen Gedenkplaketten, die an Besuche Mendelssohn Bartholdys erinnern. Sie überlebten die Zerstörungswut der Nationalsozialisten, weil ein guter Bürger sie während des sogenannten 3. Reiches verbarg. Dazu kamen die Lieder „Es ist ein Schnitter, der heißt Tod" und „Es ist bestimmt in Gottes Rath".
Auch sein zweites Oratorium, die Geschichte des biblischen Propheten Elias, hatte Frankfurter Bezüge. Den Beginn und weitere Teile entwickelte und komponierte Felix in Soden und am Main; und den Chorsatz „Nummer 7", den er ursprünglich als preußischer „Hauskomponist" zu Ehren der Rettung des preußischen Königs Friedrich Wilhelm IV. nach einem Anschlag komponiert hatte. Der „Elias" löste sich stärker von formalen Konventionen eines Oratoriums – die Textanlage mit Rede und Widerrede wurde dramatisch ausgelegt. Dabei komponierte Mendelssohn es für „recht dicke, starke, volle Chöre" wie den des Cäcilienvereins, der auch jetzt mehr als 200 Sänger und Sängerinnen hat. Hoffmann von Fallersleben berichtete, Mendelssohn habe mit ihm bei einer Wanderung über den Stoff gesprochen. Der Elias fand begeisterte Aufnahme auch in England. Die „Times" schrieb über die Erstaufführung in Birmingham mit 271 Chorsängern und

125 Orchestermusikern „Nie zuvor gab es einen vollständigeren Triumph – nie eine vollkommenere und schnellere Anerkennung eines großen Kunstwerkes". Der Prinzgemahl von Königin Victoria, Prinz Albert, schrieb sechs Monate vor dem Tod des Komponisten in ein Programmheft des Elias eine Widmung „dem großen Meister, der das sanfte Wispern und das mächtige Aufbrausen der Elemente vor uns aufrollt" – der reine Ton sei das, so Prinz Albert, „inmitten des Wirbels leerer, frivoler Tönegetändels". Der alttestamentarische „Elias" galt als Geburtsstunde des modernen Oratoriums auch durch seine Verknüpfung barocker Formen mit romantischem Ausdruck.

Der Komponist Ferdinand Hiller

Zehn Jahre vor dessen Uraufführung 1846 las Mendelssohn seinem Freund Ferdinand Hiller (1811–1885) bewegt den Bericht aus dem 1. Buch der Könige vor über den zornigen und starken Elias. Eine Sammlung von Predigten der großen Verkündergestalt Friedrich Wilhelm Krummacher, zeitweise reformierter Pfarrer in Frankfurt, bewegte Mendelssohn Bartholdy zur Wahl dieser Vorlage. Mendelssohn hatte den Frankfurter Komponisten Hiller schon als Jugendlicher kennengelernt, ebenso den Opernkomponisten Gioachino Rossini, als dieser einige Tage in Frankfurt weilte. Mendelssohn nannte Rossini den großen Maestro, „das lustige Wundertier". Wiewohl er Rossinis Musik als bedeutungslos einstufte, genoss er dessen „liebenswürdigste Laune" und die ebenso geistreichen wie amüsanten Gespräche – sie seien die ganze Zeit kaum aus dem Lachen herausgekommen. Hiller zählte zu den Musikern, denen Mendelssohn uneigennützig half – sein eigenes Oratorium konnte Hiller auf Einladung Mendelssohns in Leipzig uraufführen lassen. Zeitweise übernahm er von Mendelssohn die Leitung der Leipziger Gewandhauskonzerte. Beide traten

bei einem von mehreren öffentlichen Konzerten Mendelssohns in Frankfurt gemeinsam auf. Auch Hiller wirkte später durch andere – er war Lehrer von Max Bruch und Engelbert Humperdinck. Die Frankfurter Schelble und Hiller stehen für „Freundschaftsbündnisse", die Mendelssohn Bartholdy Zeit seines Lebens pflegte.[20]
Die Anforderungen in Leipzig, Berlin und auch England strengten Felix an – er war als Stern am Musikhimmel überall gefragt, als Dirigent, Komponist, Lehrer am von ihm geleiteten Leipziger Konservatorium, als „Musikmanager" und auch gesellschaftlich. In London etwa luden ihn Königin Victoria und ihr Prinzgemahl Albert mehrfach in den Buckingham Palast, um zusammen mit der Königin in deren Privaträumen zu musizieren. Während der Komponist spielte, ordnete die Königin Notenblätter auf dem Boden. Als Mendelssohn Bartholdy unter diesen sein erstes Musikalbum entdeckte, bat er sie, daraus zu singen – das tat sie. Selbst New York bat den reisenden Musikstar zu einem Musikfest – Mendelssohn Bartholdy sagte ab. Wie anstrengend dies Leben war, zeigt die Schilderung seiner Rückreise 1837 aus London und Birmingham. Direkt nach mehreren Konzerten zog er sich um und fuhr sechs Tage und fünf Nächte zurück nach Frankfurt zu, wie er seiner Mutter schreibt, „meiner Cécile" mit der ersten englischen Eisenbahn, dem Dampfschiff, Postkutschen, dem Rheinboot und wieder der Postkutsche – um unmittelbar danach mit seiner Frau gleich drei Tage weiterzureisen. Sechs Stunden nach seiner Ankunft in Leipzig dirigierte er im Gewandhaus Carl Maria von Weber und Beethoven. So wurde Frankfurt gleichsam Brücke und Ruhepol bei seinen Auftritten einerseits in Leipzig und Berlin, andererseits in England und Düsseldorf. Selbst in Leipzig blieben die Bande – bei Felix' letztem Geburtstag, am 3. Februar 1847, führten Cécile und ihre Schwester zusammen mit dem Violinisten Joseph Joachim eine humoristische Kammerszene auf, bei der zwei Zofen im Frankfurter Dialekt auftreten.
Der Mai 1847 wurde zum Beginn seines frühen Endes. Die geliebte Schwester Fanny erlitt im Alter von 42 Jahren einen Schlaganfall,

während sie in Berlin am Klavier saß. Als Felix das auf dem Rückweg von seinem zehnten Besuch in England in Frankfurt im Fahrtor hörte, brach er ohnmächtig zusammen, lange blieb er ohne Bewusstsein. Bei der Rückkehr hatte er sich schon gewundert, weil die Vorhänge geschlossen waren und alle bedrückt wirkten und schwarze Kleider trugen. Felix zog sich aus der Öffentlichkeit zurück und komponierte monatelang nichts. Er schrieb Fannys Mann, dem Maler Wilhelm Hensel, er sei von Schmerz überwältigt. Sein letztes Werk, ein Streichquartett f-moll, geriet düster – sein vielleicht persönlichstes und intensivstes Werk. Er zog sich in die Schweiz zurück und malte dort helle Aquarelle von den Bergen, komponierte aber alle vier Sätze des neuen Quartetts in der „Todestonart“ f-moll.

Felix Mendelssohn Bartholdy, Gemälde von Theodor Hildebrandt 1835

Diese Komposition wurde zum Requiem nicht nur für Fanny, sondern auch für ihn selber. Wenige Monate später erkrankte Mendelssohn in Leipzig. Er starb nach einem Gehirnschlag am 4. November in den Armen von Cécile und seines Bruders Paul. Er wurde in Berlin am Kreuzberger Dreifaltigkeits-Friedhof neben Fanny beigesetzt. Cécile schrieb bald darauf Paul, was auch immer komme, es könne nichts die Verzauberung fortnehmen, ihm gehört zu haben; so kurz ihr gemeinsames Leben auch gewesen sei, so erfüllt mit reinem Glück. Kurz vor seinem Tod hatte er noch gehört, dass sein „Elias“ im November in Berlin, Wien und Frankfurt aufgeführt werden sollte. Während der ersten Orchesterprobe in Frankfurt kam die Todesnachricht. Bei der Erinnerungsfeier in Frankfurt während der zweiten Aufführung kam jeder in Trauerkleidung. Carl Heinrich Müller, Archivar des Cäcilienvereins, schrieb 1925 in einem Zeitschriftenbeitrag zu Felix Mendelssohn und Frankfurt: „noch wochenlang trugen viele Damen hier und anderswo Trauer um ihren Liebling Mendelssohn". In der gesamten gebildeten Welt gab es Trauerfeiern für den verehrten im Alter von 38 Jahren Frühverstorbenen.

Cécile Mendelssohn Bartholdy bemühte sich wie Paul um die Veröffentlichung seiner Werke – zu seinen Lebzeiten waren nur 73 seiner 121 Werke gedruckt – und die Bewahrung der Rechte an ihnen. Vor allem aber erzog sie die fünf gemeinsamen Kinder. Vormund ihrer Kinder, die Gesetzgebung war damals aus heutiger Sicht „archaisch", war Felix' Bruder Paul, nicht sie. Er betreute getreulich nicht nur dessen Erbe, sondern später auch die unveröffentlichten Werke. Cécile war bei der Veröffentlichung von Werken, die der oft mit seiner Arbeit unzufriedene Felix noch nicht als fertig empfunden hatte, zurückhaltender als andere Nachlassverwalter. Im Mai 1848 zog sie mit den Kindern aus Leipzig zunächst nach Frankfurt – zumindest bis dahin verwahrte sie auch die Notenblätter ihres Mannes –, dann ab November 1848 auf Wunsch von Paul nach Berlin. Cécile kritisierte in einem 2019 versteigerten Brief vom Juni 1848 an Ferdinand David, dem sie für die Empfehlung eines Geigenlehrers für Paul dankte, die Qualität des Frankfurter Orchesters: „es fehlt hier ein gutes Theil Bescheidenheit, Gründlichkeit und Begeisterung für die Sache". Als ihr Schwager Paul das Haus in der Leipziger Straße 3 verkaufen wollte, zogen sie und die Kinder im September 1849 wieder ins

Cécile Mendelssohn Bartholdy, Gemälde von Eduard Magnus, 1845/46

Elternhaus nach Frankfurt zur Großmutter Helene Souchay, der „Grande mère“[21]. Im Sommer 1853 erkrankte Cécile. Sie starb am 25. September 1853 im Alter von 35 Jahren an einem Brust/Lungenleiden, umsorgt von ihrer Mutter. Eine Tante beschreibt die letzten Stunden: Sie habe hochgeschaut, gleichsam zu Felix, ihre eigene rechte Hand geküsst und sie dann mit Grüßen nach oben erhoben. Beigesetzt wurde sie als erste von sechs Jeanrenauds – ihre Mutter sowie ihr Bruder Carl und dessen Familie – in einer Reihe, alle mit schlichten Kreuzen aus italienischem Marmor, auf dem Frankfurter Stadtfriedhof im Gewann E 171–173. Lange war das Grabmal vernachlässigt; es wurde 2005 nach einer Renovierung bei einer Feierstunde wieder vorgestellt, mit organisiert von der Frankfurter Mendelssohn-Gesellschaft. Dabei sangen der Polizeichor Frankfurt und die Mendelssohn-Chorvereinigung den Eröffnungschoral des Psalms Op. 42 „Wie der Hirsch schreit nach frischem Wasser“ und andere seiner Choralwerke. Nach Céciles Tod blieben die Töchter bei der Großmutter Jeanrenaud in Frankfurt, die Söhne gingen zum Vormund Paul in die Berliner Jägerstraße 51 – die Geschwister wurden auseinandergerissen.

Grabstätte der Familie Jeanrenaud, Hauptfriedhof Frankfurt am Main

Céciles und Felix' Söhne und deren Nachkommen wurden auf ganz unterschiedlichen Gebieten bekannt. Paul (d. J.) Felix Abraham Mendelssohn Bartholdy (1841–1880) gründete als Chemiker nahe Berlin die Aktiengesellschaft für Anilinfabrikation (Agfa). Dessen älterer Bruder Carl (später Karl, 1838–1897) wurde als Historiker, der sich mit der Revolutionsgeschichte Griechenlands befasste, Professor in Heidelberg und Freiburg. Die Brüder Paul und Carl wurden wie mehrere andere Souchay-Verwandte, darunter Max Weber, Mitglied der Heidelberger Burschenschaft Allemannia. Albrecht (1874–1936), also Enkel von Felix und Cécile, wurde ein renommierter Völkerrechtsprofessor, Friedensforscher und Verteidiger der Weimarer Republik in Hamburg und Oxford. Der bislang letzte überragende Träger des Familiennamens komponierte zudem wie sein Großvater, für ihn ein Leitstern, romantische Lieder und organisierte Musikfestspiele. Wie sein Großvater Felix fand er, Berlin verderbe den Charakter. Aus seinem Amt in Hamburg wurde er trotz seines internationalen Ansehens von den Nationalsozialisten vertrieben, er wanderte nach Großbritannien aus. Elf Jahre gab er die Zeitschrift „Europäische Gespräche. Hamburger Monatshefte für Auswärtige Politik" heraus. Im letzten Vorwort schrieb er im November 1933 „We few, we happy few, we band of brothers … haben in der zerspaltenen Politik dieser Jahre keine Parteien gekannt, weder viele Parteien noch eine Partei. Wir haben alle nur die Aufgabe gekannt, das Werk, das zu tun war, und, jeder von uns, seine Pflicht" – ein Schlusssatz,

Albrecht Mendelssohn Bartholdy, um 1925

der auch für die Familie Mendelssohn stehen könnte. Albrecht hütete Teile des schriftlichen Erbes von Felix, darunter fast 7000 in grüne Kladden gebundene Briefe an diesen, die er nach Oxford retten konnte. So sind sie nun in Oxford aufbewahrt in einer der ältesten und bedeutendsten Bibliotheken Europas, ebenso ein Gipsabguss von Felix' Hand.

Abrahams Enkel, der Bankier Ernst von Mendelssohn-Bartholdy – zu seiner Zeit der reichste Mann Berlins –, machte der Königlichen Bibliothek in Berlin das kostbarste Geschenk von Musikautographen an irgendeine Bibliothek weltweit: die größte Sammlung von Beethoven-Partituren, zudem Handschriften von Johann Sebastian Bach, Mozart, Haydn – und das Originalautograph des Violinkonzerts seines Onkels Felix. Josephs Ururenkel Eleonora und Francesco von Mendelssohn wurden in den 1920ern gefeierte und schillernde Stars der Kultur- und Theaterszene Berlins, im Hinblick auf ihre Bekanntheit und ihren Ruhm vergleichbar dem Geschwisterpaar Erika und Klaus Mann. Sie sind übrigens Beleg für die Namenszersplitterung: Es gab für die Familie sechs Nachnamensformen mit Mendelssohn, von Mendelssohn, Mendelssohn Bartholdy, Mendelssohn-Bartholdy, von Mendelssohn Bartholdy und von Mendelssohn-Bartholdy.

Keines der Kinder, auch nicht die beiden Töchter Marie Benecke und Lily (Lilli) Wach oder Enkel, zog es offenbar für eine längere Zeit nach Frankfurt, wiewohl Lily und Marie dort nach dem Tod der Mutter bei Céciles Schwester Julie aufwuchsen. Lily hatte übrigens die Familienbriefe lange gehütet; erst ihre Kinder gaben diese etwa 500 Briefe an die New York Public Library. Immerhin hielt Albrecht 1916 am Freien Deutschen Hochstift Frankfurt eine Vorlesungsreihe über Bürgertugenden in Krieg und Frieden, die als Buch erschien. Die ebenso ausgedehnte wie enge Familienbindung, die Felix und Cécile Mendelssohn Bartholdy behütet hatte, setzte sich in späteren Generationen anderswo fort. Viele der weiblichen Nachfahren der Mendelssohns, Benecke, Wach, wurden nach der Frau benannt, die dem frühreif Begnadeten, der reizbaren Künstlernatur seine innere Harmonie gab und seine Schöpferkraft festigte.

Stammbaum (Auszug)

Mendelssohn (Bartholdy)

- **Moses Mendelssohn** (1729–1786) ⚭ **Fromet Gugenheim** (1737–1812)
  - **Brendel (Dorothea) Mendelssohn** (1764–1839) ⚭ **1. Simon Veit** ⚭ **2. Friedrich Schlegel**
    - **Philipp Veit** (1793–1877)
  - **Joseph Mendelssohn** (1770–1848)
  - **Abraham Mendelssohn Bartholdy** (1776–1835) ⚭ **Lea Salomon** (1777–1842)
    - **Fanny Mendelssohn Bartholdy** (1805–1847) ⚭ **Wilhelm Hensel**
    - **Felix Mendelssohn Bartholdy** (1809–1847) ⚭ **Cécile Jeanrenaud** (1817–1853)
      - **Carl Mendelssohn Bartholdy** (1838–1897)
      - **Paul Mendelssohn Bartholdy** (1841–1880)
    - **Rebecka Mendelssohn Bartholdy** (1811–1858)
    - **Paul Mendelssohn Bartholdy** (1812–1874)

Souchay

Cornelius Carl Souchay (1768–1838)
⚭
Helene Schunck (1774–1851)

- **Elisabeth Souchay** (1796–1871) ⚭ **August(e) Jeanrenaud** (1788–1819)
  - **Carl Cornelius Jeanrenaud** (1814–1891)
  - **Cécile (Cäcilie) Jeanrenaud** (1817–1853) ⚭ **Felix Mendelssohn Bartholdy** (1809–1847)
- **Johann (Jean) Souchay** (1798–1871)
- **Carl Souchay** (1799–1872)
- **Eduard Souchay de la Duboissiere** (1800–1872)

Anmerkungen

1 Albrecht Richard Mohr: Musikleben in Frankfurt am Main, Frankfurt 1976.

2 Carl Heinrich Müller: Felix Mendelssohn, Frankfurt am Main und der Cäcilienverein, Darmstadt 1925, S. 3.

3 Der Frankfurter Cäcilienverein 1818–1968. Hg. Friedrich Stichtenoth, Frankfurt 1968, S. 38; Ralf Wehner: „In Schelbles Geist, Sinn und Richtung", in: „Die Leute singen mit so viel Feuer …". Hg. Daniela Philippi/Ralf-Olivier Schwarz, Frankfurt 2018, S. 39 ff.

4 Eckart Kleßmann: Die Mendelssohns, Zürich/München 1990, S. 152/4; Angela Mace Christian, „Einer der sauersten Äpfel" – Felix Mendelssohn Bartholdy und die Familie in Berlin, in: 250 Jahre Familie Mendelssohn, Mendelssohn-Studien, Sonderbd. 3, Hannover 2014, S. 131 ff.

5 Kleßmann (Anm. 4), S. 119.

6 Julius Schoeps: Das Erbe der Mendelssohns, Frankfurt 2013, S. 39.

7 Thomas Lackmann: „Einen jüdischen Confucius giebt es nicht". Konfession und Glaubenswechsel in der Neuzeit am Beispiel der Familie Mendelssohn, in: Andreas Holzem/Ines Weber, Ehe – Familie – Verwandtschaft, Paderborn 2008, S. 373 ff.

8 Thomas Brechenbacher: „… weil der Name ein Kleid ist …". Der Namensstreit der Mendelssohns, in: 250 Jahre Familie Mendelssohn (Anm. 4), S. 93 ff.

9 Thomas Lackmann: Das Glück der Mendelssohns. Geschichte einer deutschen Familie, Berlin 2015, S. 262 f.

10 Andreas Bomba: 200 Jahre Cäcilienverein, Laudatio 2.2.2018, www.cäcilienchor.de/UeberUns/Laudatio_200_Jahre_Caeclienchor.pdf (05.09.2019).

11 Müller (Anm 2), S. 7.

12 Felix Mendelssohn Bartholdy: Eintragungen in den „Schreibkalendern" 1836 und 1837. Mendelssohn-Studien Sonderband 1, Hannover 2009.

13 Christian Lambour: Erinnerungen an Cécile und Felix Mendelssohn Bartholdy von Eduard Souchay de la Duboissière, in: Mendelssohn Studien Bd. 16, Hannover 2009, S. 215.

14 Guenther Roth. Max Webers deutsch-englische Familiengeschichte 1800–1950, Tübingen 2001, S. 108.

15 Roth (Anm. 14), S. 116.

16 Ebd., S. 455 f.

17 Stichtenoth (Anm. 3), S. 41 f.; Mohr (Anm. 1), S. 232 f.

18 Müller (Anm. 2), S. 6.

19 Wulf Kunold: Felix Mendelssohn Bartholdy und seine Zeit, Laaber 1984, S. 7 f.

20 Bernhard Bartels: Mendelssohn-Bartholdy. Mensch und Werk, Bremen/Hannover 1947, S. 19.

21 Christiane Wiesenfeldt: Zwischen Vormundschaft und Bevormundung: Die Komponistenwitwe Cécile Mendelssohn Bartholdy, in: Mendelssohn-Studien, Bd. 19, Hannover 2015, S. 209 ff., 226 f.

Zeittafel

1809	3. Februar, Felix Mendelssohn wird in Hamburg geboren
1811	Übersiedlung der Familie nach Berlin
1822	erster Besuch von Felix in Frankfurt
	Taufe der Eltern in Frankfurt und Namensänderung zu Mendelssohn Bartholdy
1829	11. März, erste Wiederaufführung von Bachs „Matthäus-Passion" in Berlin und wenige Wochen danach in Frankfurt
1832 ff.	Dirigent des Cäcilienchors, Frankfurt
1833	Städtischer Musikdirektor in Düsseldorf
1835	Musikdirektor des Gewandhausorchesters in Leipzig
1836	Kommissarische Leitung des Cäcilienvereins
	4. Mai, erste Begegnung von Felix mit Cécile Jeanrenaud am Fahrtor
	9. September, Verlobung in Kronberg
	Uraufführung Oratorium „Paulus"
1837	28. März, Hochzeit in Frankfurt
1839	„Sechs Lieder im Freien" beim Waldfest in Frankfurt
1841–1845	Königlich Preußischer Kapellmeister in Berlin
1844/45	Sommer in Soden am Taunus
1845	Benefizkonzert für Überschwemmungsopfer am Main
1846	Uraufführung Oratorium „Elias"
	Lied für die Deutschen in Lyon auf Texten von Friedrich Stoltze
1847	14. Mai, Tod der Schwester Fanny
	4. November, Tod Felix Mendelssohn Bartholdys
1853	25. September, Tod von Cécile Mendelssohn Bartholdy in Frankfurt

Literatur in Auswahl

Jürgen Dehl: Ein Genie macht Urlaub. Frankfurt, der Vordertaunus und Felix Mendelssohn Bartholdy, Frankfurt a. M. 2005.

Martin Geck: Felix Mendelssohn Bartholdy, Hamburg 2016.

Peter Gülke: Felix Mendelssohn Bartholdy. „Der die Widersprüche der Zeit am klarsten durchschaut", Kassel 2017.

Peter Ward Jones (Hg.): Das Tagebuch der Hochzeitsreise, Zürich 1997.

Eckart Kleßmann: Die Mendelssohns, Zürich/München 1990.

Thomas Lackmann: Das Glück der Mendelssohns. Geschichte einer deutschen Familie, Berlin 2015.

Felix Mendelssohn Bartholdy: Eintragungen in den „Schreibkalender" 1836 und 1837, Hannover 2009.

Felix Mendelssohn Bartholdy: Sämtliche Briefe. Hg. von Helmut Loos und Wilhelm Seidel, 12 Bde., Kassel 2008–2017.

Mendelssohn Studien, 21 Bde., Hannover 1972–2019.

Albrecht Richard Mohr: Musikleben in Frankfurt am Main, Frankfurt a. M. 1976.

Carl Heinrich Müller: Felix Mendelssohn, Frankfurt am Main und der Cäcilien-Verein, Darmstadt 1925.

Sebastian Panwitz/Roland Schmidt-Hensel (Hg.): 250 Jahre Familie Mendelssohn, Hannover 2014.

Jacques Petitpierre: The Romance of the Mendelssohns, London 1947 (französische Ausgabe „Le Mariage de Mendelssohn" 1937).

Daniela Philippi/Ralf-Olivier Schwarz (Hg.): „Die Leute singen mit so viel Feuer …": Der Cäcilienchor Frankfurt am Main 1818 bis 2018, Frankfurt a. M. 2018.

Guenther Roth: Max Webers deutsch-englische Familiengeschichte 1800–1950, Tübingen 2001.

Christiane Schmidt: Felix Mendelssohn Bartholdy in Leipzig, Heidelberg 2014.

Julius H. Schoeps: Das Erbe der Mendelssohns. Biographie einer Familie, 3. Aufl., Frankfurt a. M. 2013.

Friedrich Stichtenoth (Hg.): Der Frankfurter Cäcilienverein 1818–1968, Frankfurt a. M. 1968.

Bildnachweis

Bad Soden, Stadtarchiv – 53, 54
Berlin, bpk / Staatsbibliothek zu Berlin – 33, 61, 62 (Ruth Schacht)
Berlin, bpk / Staatsbibliothek zu Berlin – 64 (R. F. Schmidt)
Frankfurt, Cäcilien-Verein e.V. – 8, 25, 26, 50 (Foto: Walter Breitinger)
Familienbesitz Lucius – 36, 42
Familienbesitz Mendelssohn – 4, 41, 46, 49
Frankfurt am Main, Historisches Museum – 12/13, 15, 23, 29, 47 (Foto: Horst Ziegenfusz)
Frankfurt am Main, Historisches Museum – 10, 22, 30, 32, 35, 43, 44, 59
Frankfurt am Main, Universitätsbibliothek Musikwissenschaftliche Abteilung – 7, 19, 20, 24, 27
Robert von Lucius – 6, 37, 39, 40, 51, 55, 63
Oxford, The Bodleian Libraries, The University of Oxford: MS. M. Deneke Mendelssohn d. 11, fol. 10 – 9
Wikimedia Commons – 10 (https://upload.wikimedia.org/wikipedia/commons/b/b3/Frankfurt_Stadtplan_um_1840.jpg), 14 (https://upload.wikimedia.org/wikipedia/commons/8/82/Frankfurt_Alte_Br%C3%BCcke_1628.JPG), 16 (https://upload.wikimedia.org/wikipedia/commons/8/8c/Moses_mendelssohn.jpg), 17 (https://upload.wikimedia.org/wikipedia/commons/1/15/Abraham_Mendelssohn_Bartholdy_-_Zeichnung_von_Wilhelm_Hensel_1823.jpg), 18 (https://upload.wikimedia.org/wikipedia/commons/b/b1/Mendelssohn_Bartholdy_1821.jpg)

Umschlagabbildungen: Wilhelm von Schadow, Felix Mendelssohn Bartholdy (Familienbesitz Mendelssohn); Karl Sager (Kopist)/Carl Georg Enslen, Panorama Frankfurt am Main vom Sachsenhäuser Brückenturm aus (Kopie nach Enslen, 1847); Frankfurt am Main, 1909–1910 (Historisches Museum Frankfurt); Blick auf Frankfurt von Osten, Fotografie (Historisches Museum Frankfurt)

Danksagung

Für freundliche Unterstützung dankt der Autor: Thomas Lackmann, Mendelssohn-Gesellschaft, Berlin; Siegmar Förster, Berlin; Luisa Kunkel, Historisches Museum, Frankfurt a. M.; Ann Kersting-Meulemann, Universitätsbibliothek J. C. Senckenberg/Musikwiss. Abt., Frankfurt a. M.; Silvia und Max Bartoll, Cäcilienverein, Frankfurt a. M.; Christiane Schalles, Stadtarchiv Bad Soden.

2., verbesserte Auflage 2020

Morio Verlag, ein Imprint der mdv Mitteldeutscher Verlag GmbH
www.morio-verlag.de

Gesamtherstellung: Mitteldeutscher Verlag, Halle (Saale)

ISBN 978-3-945424-74-2

Printed in the EU